*El gran libro del bebedor chileno*

TITO MATAMALA

# *El gran libro del bebedor chileno*

Una revisión jocosa, pero profunda, de nuestros hábitos en torno a la bebida: cuántos vasos y copas, qué tipo de potajes, con qué modales, con qué frecuencia se empina el codo. La idiosincrasia nacional revelada por la gracia del vino, la cerveza y la piscola. Del bigoteado al whisky de 18 años, sin pausas.

*Catalonia*

MATAMALA, TITO
El gran libro del bebedor chileno / Tito Matamala
Santiago de Chile: Catalonia, 2007
208 p., 14 x 21 cm
ISBN 978-956-8303-67-9
COSTUMBRES-HUMOR
390

Diseño de portada: Guarulo & Aloms
Ilustración de portada: Dibujo de Hernán Vidal (*Hervi*)
Edición de textos: Jorgelina Martín
Composición: Salgó Ltda.
Impresión: Salesianos Impresores S.A. Santiago de Chile
Dirección editorial: Arturo Infante Reñasco

Todos los derechos reservados.
Esta publicación no puede ser reproducida,
en todo o en parte, ni registrada o transmitida
por sistema alguno de recuperación de información,
en ninguna forma o medio, sea mecánico,
fotoquímico, electrónico, magnético,
electroóptico, por fotocopia o cualquier otro,
sin permiso previo, por escrito,
de la editorial.

Primera edición: septiembre, 2007
ISBN 978-956-8303-67-9

Registro de Propiedad Intelectual N°165.482

© Tito Matamala, 2007
© Catalonia Ltda., 2007
Santa Isabel 1235, Providencia
Santiago de Chile
www.catalonia.cl

*A mi madre, Nidia, por supuesto.*

# PRÓLOGO
## De la chicha de manzana al whisky etiqueta negra

En los oscuros años en que fui estudiante de periodismo, con mis amigos cercanos concurríamos a beber unas copas a un local desaparecido de la calle O'Higgins, el "Medagusto". Pedíamos una botella de vino para empezar, y el garzón, que nos conocía, se preocupaba de armar en nuestra mesa una escena de comensales satisfechos: regaba migas de pan, colocaba platos sucios, cuchillos y tenedores desparramados sobre el mantel. Así, evitaba el riesgo de que llegase un inspector para castigarlo con una multa, porque ese minúsculo restaurante sólo podía servir vino a los clientes que almorzaran o cenaran.

Por la misma época, cuando trabajaba como editor de una revista de economía, debía concurrir a Talcahuano a tomar fotografías que me sirvieran para ilustrar los procesos productivos y la situación económica del país. Una vez me acompañó mi fiel amigo Claudio Solo, y por la tarde varamos a beber cervezas en una cantina miserable y espantosa que, sin embargo, se llamaba "La Felicidad". No me consta si todavía existe.

En otra oportunidad, cuando aún éramos estudiantes, nos disfrazamos de periodistas para colarnos en un empingorotado cóctel de viejos bacanes, a fin de beber más que sea una vez un trago un poco más decente que la cerveza y el vinacho abominable acostumbrado.

En los años de gloria de la hacienda Lleu Lleu —propiedad de mi querida Teresita de La Cerda— con mi amigo Cristian Celis abrimos las llaves de la cuba de whisky hasta que rebalsó hacia el lago y un hilillo fue a parar a la playa de Quidico, en donde comíamos unas machas enormes como tejos de rayuela.

En la casa de mi amigo Mauricio Santos, en Santiago, siempre hubo un bar tan reforzado de Chivas y Stolich que nunca, nunca fui capaz de constituir una amenaza de desabastecimiento. Era algo así como Jauja materializado en la capital.

Y así. Ni tonto, fui coleccionando anécdotas para meterlas a la fuerza en mis novelas, pero a la vez para practicar lo que llamo arqueología etílica criolla. Anotaba nombres de tragos extravagantes, denominaciones de borrachos, locuciones referidas al hábito de la chupeta. Desde el primer momento en que se me ocurrió empezar a escribir concebí la idea de un "Manual del buen bebedor". A tal franquicia le he dado muchas vueltas, y es el título por el cual soy conocido, también el que más mencionan los lectores en la web. Eche usted una mirada: Matamala convertido en un teórico de las tomatinas y las reflexiones de botellas y brebajes. Si supieran los ingenuos...

Comprenderán que ese periplo no fue en seco, en tamaña contienda alguna vez tuve que remojar mis verijas. Ahora, no obstante, he colgado el hígado. No soy más que un viejo pistolero cuya fama se desvanece, y que de vez en cuando debe confrontar a muchachos y muchachas ambiciosos y prendidos, que desean retarme a duelo. Qué maldita y descarriada juventud.

El copete sigue siendo mi gran tema, pese a que me he vuelto un adicto al agua mineral sin gas y a la leche descremada. Por eso aquí presento "El gran libro del bebedor chileno", y lo entiendo sólo como un preámbulo de una amplia historia de copas, toneles y gargantas que necesita este país antes del muy publicitado Bicentenario. Me ofrezco para esa tarea.

Más atrás en el tiempo, recuerdo que mis mejores momentos de la niñez los pasé en el campo de mis tíos Aburto, en el sur, en la Décima Región. Cuando todavía no me salían pelos en la cara ni en otras áreas, el tío Segundo me permitía moler manzanas para fermentar chicha que luego yo mismo vendía a los lugareños. Todo el proceso productivo quedaba en mis manos, desde la recolección de los frutos hasta el envasado en botellas de pisco recicladas. Así juntaba unos pocos billetes para regresar a casa en marzo, y comprar más que sea un cuaderno o una camisa escolar. Ya ve, señor, que mi vida se halla ligada al tema del copete. En tal sentido, este libro es un avance más en mi tarea. Que lo disfruten.

Tito Matamala

## *LIBATUS CHILENSIS*
## LA FÁBULA DEL BUEN BEBEDOR

*Per primum potum vinum non est mihi notum;*
*per potum vinum non possu noscere vinum:*
*non laudo vina, nisi pocula sint mihi trina;*
*per potum quartum, ian mens mea tendit in altum.*

*¿Hay algo, pregunto yo,*
*más noble que una botella*
*de vino bien conversado*
*entre dos almas gemelas?*

El buen bebedor, aclaremos enseguida, es un caballero, un sujeto sano, pacífico y humilde. Pero si usted no concuerda con esta aseveración, por lo demás antojadiza, le sugiero que se salte unos párrafos y agarre el hilo de las copas más abajo.

El buen bebedor, decía, puede libar todos los días, o varios días seguidos sin parar, si fuese necesario, pero nunca su existencia cederá a la presión de las copas, ni estará determinada por ellas. Para el buen bebedor, el alcohol, más que una droga o un aliciente, es un compañero de ruta, un amigo fraterno con el que se entiende, conversa y juega.

El buen bebedor es un hidalgo, un señor que nunca ostentaría sus destrezas ante la concurrencia, que jamás se atrevería a levantar la voz, ni menos la mano, cuando ha bebido más de una caramayola de *borboun*. Por lo mismo, el buen bebedor es enemigo de la chabacanería y de los valentones cuya torpeza se exacerba con el vino, también detesta la bullanguería de los mareados y la distorsión provocada por quienes no saben beber, la gran mayoría patria.

Al buen bebedor podemos verlo sentado en un bar de sillas de madera, imbuido en un aire taciturno, propio de quien escucha con atención en vez de hablar con profusión, y nunca en un *pub* de música estridente, rodeado de amigos escogidos con pinzas de maquetista.

El buen bebedor es el primero en agarrar la cuenta para cancelarla, eso no se transa, aunque en realidad un poco, sólo ante otro buen bebedor con un gesto igual de reflejo.

Si se puede, el buen bebedor siempre optará por fermentos de uva nacionales, en una tarde fresca de noviembre, o destilados de cebada, de preferencia sin mezclar. Y, por el contrario, aborrecerá del gusto colorinche de los picantes, de los asomados y pituquillos, con sus copas llenas de adefesios tropicalistas, frutas y adornos bobalicones.

¿Le parece bien así?

Pero ahora, un poco más en serio, el bebedor chileno —*libatus chilensis*— se parece re poco a los hombres descritos con ingenuidad en los párrafos anteriores. Es más bien un huaso bruto, asaz violento y descomedido, irresponsable y derrochador. Si en las páginas sociales del periódico asoman esos caballeros engominados brindando con champaña en un seminario sobre políticas de mercado y diversificación de las exportaciones, aún siguen siendo parientes de los rufianes quienes —unas cuantas páginas más adelante— dan muerte a la esposa indefensa porque no les convidó vino, apalean a la guagua que llora o la emborrachan para que no llore, o atropellan a la señora en una esquina porque iban conduciendo más curados que un zapato.

Todos, todos en la misma sopa de alcoholes nauseabundos, por lo que no es sencillo abstraerse y echar la talla en un libro referido a los bebedores criollos, cuyo máximo emblema corresponde al curadito de las ramadas en Fiestas Patrias, durmiendo la mona en el lodazal. Pero en fin, *upa chalupa, alea jacta est*.

Agarro de nuevo el hilo y aprovecho de insertar aquí unas cuantas palabras soeces y maldiciones nutridas para las hordas de alcalduchos de mierda, entre otras autoridades con vocación de bestias, que restringen las botillerías a horarios de matinée, con la idea de que así van a salvar la sociedad. Qué modo más absurdo de tapar el sol con el dedo, caballero.

Recordemos que Ernest Hemingway sostenía que no hay horarios para el sexo y la bebida, las dos sublimes actividades humanas. Sentencia asumida por un señor bebedor, pues no hay ley que impida panucarse un generoso vodka tónica a las nueve de la mañana o un jerez Tío Pepe al mediodía de un lunes, cuando todos los bacalaos creen pertinente trabajar, y sólo trabajar. El autor de *Fiesta* era fiel a sus palabras, y antes del cenit ya había bebido una botella de whisky en cuatro horas de trabajo frente a la máquina de escribir. Más tarde, almorzaba en La Bodeguita del Medio y comenzaba una cadencia de mojitos que sólo concluía cerca de las nueve de la noche, hora en que —todavía digno— se retiraba a descansar. Alguna vez vi en televisión un reportaje sobre las diferencias sanguíneas entre los anglosajones y los latinoamericanos, lo que explicaría la fortaleza de Hemingway comparada con la debilidad de los tercermundistas aquí presentes.

La re-presión proviene de la presión social, con la idea de que es mal visto que, por ejemplo, un ejecutivo bancario hieda a alcohol fresco antes del café de las diez AM, o que un docente universitario asista a su clase a las ocho de la mañana con cierto dejo de resaquilla vinachera, aunque lúcido hasta la planta de los pies.

El señor bebedor es, en verdad, un héroe patrio, pues asume a cabalidad lo que constituye la primera norma de la humanidad: beber es un deber. Eso y con todo el juego de palabras adjunto.

Sigamos. En las tabernas de Wiesbaden, turística ciudad a orillas del Rhin, Fedor Dostoiewski, quien podría ser el más insigne de los bebedores decimonónicos, cada vez que se empinaba un corto de vodka seco pronunciaba como si fuese una invocación:

—El deber de beber —y ¡PUM, PUM, PUM! sonaba el golpeteo del vaso corto y vacío en la mesa, como un timbre para una nueva ronda, que este asunto aún no se dirime.

Deber que, por cierto, el buen Fedor cumplió a cabalidad.

Si ignoramos la tonta confusión entre un borracho y un señor bebedor, entenderemos la alta aristocracia alcanzada cuando uno es capaz de crear esa empatía con la bebida sin que ella determine nuestra existencia, pero que sea parte fundamental de tal existencia. Ay, me va a pillar la policía secreta de la RAE, con tanto juego de palabras.

El señor bebedor se caracteriza por un agudo olfato como para poder calcular los espacios en los que se mueve, de modo que el riesgo de caer en una guarida de abstemios sea ínfimo. La Carta Fundamental de los señores bebedores indica que se debe huir de los sitios en que a uno le ofrezcan jugo de papayas o cafecito con galletas. También hay que escapar de los predicadores, de los deportinos, de los periodistas iletrados, de las mujeres cartuchas, de los que se creen profesores y, sobre todo, del fanatismo de los conversos.

### Hábitos, mañas y trucos de supervivencia

- El señor bebedor siempre porta dos petacas de níquel en bandolera, bajo la chaqueta, sobre todo cuando se va a alejar algunas cuadras de su casa, lo que puede ser muy peligroso.
- Antes de retirarse a su cuarto, el señor bebedor se preocupa de colocar una botella de agua mineral junto a la cama, como un faro para las infaltables demandas de la resaca y sed matutinas.
- El señor bebedor acepta una copa de pisco de vez en cuando, únicamente en la magnánima variante *pisco sour*, pero nunca olvida declarar un odio malparido a la mafia de los empresarios pisqueros, muy hideputas ellos, quienes se oponen a la libre competencia y lloran para que se mantengan los terribles aranceles en contra de la bebida que atempera los corazones y acaricia las llagas del alma: el whisky.
- En las primeras páginas de cada libro que aprecie, el señor bebedor se preocupa de dejar la impronta del culo de una copa de vino tinto, o también de whisky, a modo de firma permanente, y de señal inequívoca para espantar a los abstemios.
- Si a un señor bebedor le preguntan cuánto es lo que puede beber sin parar ni embriagarse, siempre contestará por lo bajo, para mantener en su favor la sombra de duda acerca de su resistencia. Es decir, si se posee un *handicap* de cuatro botellas de *Cutty Sark*, es aconsejable declarar una y media.
- Como la más sagrada de las normativas, el señor bebedor jamás consulta a un médico ni se practica exámenes preventivos que pudieren acusar cierta herrumbre derivada de su hábito. Ello se reafirma con una frase extraída de la novela *El amor en los tiempos del cólera*, de

Gabriel García Márquez, y que podría circunscribir el escudo de armas del vividor bebedor:
La verdad siempre llega cuando ya no la necesitamos.

## El señor bebedor y los procesos democráticos

*Oh, no, elecciones. ¿No es uno de esos días en que se cierran los bares?*

Barney, el amigo de Homero.

Se lo planteo en una sola línea: el buen bebedor no comulga con la democracia. O, más precisamente, con la fatídica declaración de ZONA SECA del día de los comicios. Nada más triste que un país condenado a una sequedad desértica durante una jornada entera, y sólo porque de vez en cuando hay que renovar autoridades. El precio por la alternancia en el poder es muy alto. Por eso el buen bebedor reniega de las leyes, desconoce al jefe de plaza y su clima de *absoluta normalidad*, no pesca al señor ministro del Interior cuando asegura que se trata de *la fiesta de la democracia* y no se cree el cuento de *la madurez cívica de todos los chilenos*.

Al contrario, aquel día, en su territorio, el buen bebedor establece una ZONA HÚMEDA, medianamente privada, con un par de avisos en el periódico, o al menos de voz en voz entre las amistades. Y como la ley ordena el cierre de las botillerías y el retiro de los vinos y licores de los anaqueles de los supermercados, la jornada anterior le sirve al buen bebedor para proveerse de bebestible. La cantidad de botellas adquiridas y acarreadas no guardará relación matemática con las 24 horas de pausa que indica la zona seca, sino más bien el cálculo se ajustará al probable estallido de una revolución el lunes siguiente, de un alzamiento militar en los regimientos del norte o guerra civil con suspensión de todas las garantías constitucionales. ¡O una invasión de argentinos dispuestos a robarnos hasta la isla de Pascua! Es decir, una cosa que dé para largo, y en la cual, por triste que sea, jamás nos falle la cadencia de botellones de *cabernet sauvignon*, tres medallas, por ejemplo, que eso sería mucho más triste.

De todos modos, el día de las elecciones también es una fiesta para el buen bebedor. Una fiesta para reírse de la democracia, claro. Por ese noble motivo, como a las nueve de la mañana ya ha encendido el fuego en su parrilla del patio o de la terraza, sin apagarlo hasta la madrugada del día siguiente. Y que vayan pasando los camiones de longanizas de Chillán, los cisterna con vino de Lontué, los *containers* de cholgas traídas de Puerto Montt, y las tres ramitas de perejil compradas en la vega El Esfuerzo. Todos bienvenidos a la fiesta, menos los poetas, esos nunca. Y se mantiene el televisor encendido para que la grasa del costillar de chancho chirreé al compás de las declaraciones vagas, de los desmentidos, los llantos por los votos perdidos y las empanadas faltantes para comprar los votos perdidos.

Por la noche, cuando se conozcan los resultados de los comicios y comiencen las cuentas alegres de cada bando político, el buen bebedor habrá destapado las botellas de *Etiqueta Negra* y brindado con sus amigos:

—Ya veis que la democracia no es tan valiosa como para declarar un día entero de zona seca. ¡Salud!

## Nota al pie: el mito del escritor y sus botellas

La creencia popular indica que nadie puede escribir un párrafo digno sin haber libado antes unas copas de tintolio. Y como usted sabe que yo me dedico a este oficio, suelen preguntarme de manera permanente acerca de los ribetes del mito, o de vez en cuando me invitan a escribir sobre el asunto en la prensa. Lo que es la fama. Qué va a decir uno, su señoría. El reflejo instantáneo es agarrarse del nombre del bueno de Ernest Hemingway, porque aparece cada vez que reflexionamos sobre la literatura y los bebedores, un tema tan cargado de leyendas que constituye una suerte de religiosidad popular, un dogma de fe: creemos que no hay poesía, cuentos o novelas sin ingentes botellas de vino, ginebra o vodka bajadas al piso. Salmo al que apelan los escritorcillos imberbes, las poetisas otoñales de provincia, que juran que sus primeros versos y párrafos asomarán sólo si remojan las mangas en algún mosto bigoteado de cantina. El problema es que no se va más allá de la impostura, de la facha romántica del sujeto a medio filo, y una vez pasada la mona no se salva ni una letra. Se crea así una variante del mito: el escritor maldito, pero maldito por mal escritor.

El escritor borracho, aclaremos, es un estereotipo singular: se asemeja tanto a la verdad que parece una norma. La literatura universal es tan prolífica en personajes caídos al trago, que cuesta encontrar ejemplos que contradigan la regla, o desmientan el evangelio de que la buena literatura se bebe, como sostiene mi amigo Luis López-Aliaga.

¿Existe alguna relación matemática entre las copas y las musas inspiradoras? En conversaciones con todos mis compañeros beodos con quienes comparto el oficio (no los nombraré para no perjudicarlos), hemos coincidido en el efecto de sensible lucidez provocado por las dos o tres primeras copas junto al teclado, un instante efímero que se debe aprovechar porque luego sobreviene la torpeza mental de cualquier curado anónimo, sin aspiraciones de trascendencia literaria. Incluso la mentada lucidez inicial también puede ser mentira, otra invención literaria: si el talento creativo tuviera que ver sólo con el alcohol ingerido, la explicación de la genialidad sería sospechosamente fácil.

No obstante, como nadie se preocupa de establecer verdades científicas en la relación escritor-copete, abrazamos el mito sin discusiones. Tampoco es necesario, seamos francos. Y palabra, sobran ejemplos en el anecdotario de la literatura, pues los mismos autores deliran con esa cosita simpática de la afición por la bebida, y esparcen frases célebres para respaldarla.

Justamente, para mi saga de diccionarios y manuales del buen bebedor he ido coleccionando citas de los insignes escritores develadoras de su apasionado amor por los botellazos, y por la preservación del mito. A la vez, de ellas se desprende una burla intolerante hacia los otros, los que no practican las libaciones con similar esmero.

*Prefiero el vodka, para que los abstemios impertinentes crean que estoy tomando agua*, confesó el mencionado Bryce una vez que estuvo invitado en Chile.

A los escritores se les permite enarbolar esta bandera de lucha, como si fuese la única forma de decantar sus obras maestras. Nadie visualiza a Neruda tomando tecitos de limón mientras escribía *Residencia en la tierra*, o a Charles Bukowski escanciando jugo de naranjas cuando elaboraba sus cuentos cochinos de bares decadentes.

En mi caso, señor juez, redacté mis primeros textos a cañonazo limpio, como si fuese dejando la vida en el empeño. Pero luego, con algo de zozobra, descubrí que así, en seco, también podía escribir. Tal afirmación me la han cobrado como una herejía los devotos de las borracheras literarias, aun cuando no me haya convertido en un abstemio total, nunca tanto. Ese cargo se lo dejo únicamente a mi querido Jorge Luis Borges, quien afirmaba: *no bebo alcohol, pero no por virtud, sino porque hay un líquido que me gusta más, el agua*. El cieguito de Buenos Aires no sólo es la excepción que confirma la regla, sino que su obra puede entenderse como el conjuro que derriba el mito del escritor dependiente de sus botellas.

## Otra nota al pie: recuperamos la fe en la espuma

La cerveza es siempre el primer amor, y por más que uno intente renegar de ella, o creer que ha mutado a un estadio superior, siempre se vuelve al primer amor —como versa el tango— en las tardes inocentes en que fuimos estudiantes o guerrilleros, y creíamos que en una botella de cerveza se concentraba la más compleja y feliz de las filosofías de vida.

Uno abandona la cerveza por el cuento de que engorda, que una botella es igual a comerse una marraqueta con mantequilla, o una palta entera con limón y sal. Además, el olvido tiene que ver con la mayor solvencia económica: de repente ya no somos los muchachos que juntábamos las monedas a la salida de clases, para ver cuántas corridas podríamos panucarnos en el casino del Lord Cochrane. Entonces nos ataca el arribismo, y creemos que sólo beber vinos es de caballeros, y más encima vinos caros con etiquetas chamullentas y metidos en cajas de madera. O nos enviciamos por el whisky puro de malta, o el vodka seco de matacaballos. Me lo van a decir a mí.

Cuántas veces recuerdo haber bebido cerveza con ella, con la amada. Besuqueábamos los vasos, los labios, los golletes en las noches de lluvia en que ambos sabíamos que todo eso del amor iba a terminar mal, porque no puede ser de otra manera. Y luego, cuando ella cumplió el deber y la norma de marcharse, me quedé aquí solo, bebiendo cerveza para simular de manera torpe la humedad de los ojos, la pena y el extravío de un norte en la vida. O para emborracharme, simplemente, pero a esas alturas de las libaciones la cerveza me curaba tanto como el agua de la llave.

Nos seguimos encontrando, la cerveza y yo, aunque el país se iba transfigurando en el camino. De pronto surgió la moda de solicitar cervezas importadas en los bares:

holandesas, checas, americanas, bolivianas. Muchachitas aún con olor a orines estiran la mano para pedir esa verde, la roja, la paceña, la mexicana de tres letras repetidas. Pero no es más que otra expresión del arribismo, de la obnubilación por las etiquetas y los nombres rimbombantes, porque ninguna de ellas puede superar a media docena de producciones nacionales del centro y sur del país. Y lo digo libre del pecado chauvinista, porque pude comprobarlo en terreno. Y así como sólo un puñado de enólogos de nariz suprema es capaz de distinguir variedades y calidades de vino, esos pelafustanes que pertenecen al estrato del *joven profesional* serían incapaces de diferenciar el sabor de una cerveza importada. Pero se ven lindas en el carro del supermercado.

Ahora que vengo de vuelta de la cumbiamba, hastiado de beber licores venenosos, me siento de nuevo como un muchacho optimista, y disfruto de la espuma cervecera como si fuese la mejor ambrosía. También es un recuperado acto de fe, porque si creemos que la cerveza cura el resfriado, somos capaces de creer que la cerveza sana las heridas del alma.

En fin, menos lamentos y empecemos con el asunto.

# DESDE LA GRAPA AL WHISKY DE 18 AÑOS
La precipitada evolución del bebedor chileno

*Mandamiento básico del chileno:*
*"Hombre que no toma, no es hombre bueno".*
*¿Bueno para qué?*
Joaquín Edwards Bello

*Y me tomé hasta el vinagre.*
Tito Fernández, "La madre del cordero"

Al intentar desentrañar qué bebe un chileno medio de los tiempos modernos, horror, se me viene a la memoria esa imagen espantosa de la plana mayor de la CNI como inocentes espectadores de "Sabor latino" en televisión, hacia finales de los setenta. Cuando la cámara paneaba hacia aquel dilecto público, asomaban los sonrientes rostros de bigote grueso, orejas peludas y lentes oscuros, el uniforme reglamentario, pues. Al frente, el culo descomunal de la Mary Pepa Nieto, y ellos en cada mano una whiscola. Aunque mezclado, podría haber sido la primera vez en sus vidas que probaban el licor escocés. Antes de asumir las tareas de inteligencia, eran funcionarios públicos de medio pelo, con sueldos ídem, como cualquier chileno, en cuyas casas el mayor lujo posible habrá sido una botella de *Cinzano* de marca nacional, a buen recaudo para que no se lo empipase la suegra.

También me acuerdo de un tiempo anterior, cuando en la casita de mis padres había una botella de menta, otra de *Martini Rossi*, ambos *made in Chile*, y —a veces— una de pisco Control. Nada más. Una botella de licor importado era un lujo que sólo se encontraba en las casas de magnates y en las casas de putas, en donde un marino mercante solía rajarse con un Johnnie Walker traído de su última estadía en Panamá. Fue con el golpe de Estado y el cambio de régimen económico cuando comenzaron a aparecer esos caldos extranjeros, para deleite de Corvalán y demás paladines en el escenario de TVN. Y, más tarde, del resto de los chilenos. Todavía no se escribe la evolución del hábito bebestible, y la memoria se va fragmentando porque a ningún historiador serio parece interesarle el tema.

De un momento a otro, con el dólar a 39 pesos, las góndolas de los supermercados comenzaron a exhibir esas etiquetas de ensueño, marcas internacionales que por algún motivo rondaban en nuestro inconsciente: *Johnnie Walker, Chivas Regal, Tanqueray, Gordon's*. Criada a puro pisco *sour* y piscola, de repente la chilenidad despierta a sabores antes sólo sospechados en el cine y televisión, con unos descoloridos *spots* publicitarios de la chica cruzando la ciudad en patines para servirle al cliente un *Martini bianco*. Y tan a la mano, tan accesibles y populares, que rápidamente surgió una generación "experta" en esos licores, apurada por dejar atrás el pasado de aguardientes y grapas de quinta categoría, como los que beben al seco los personajes de la película "Palomita blanca".

Veníamos saliendo del fracasado modelo sustitutivo de importaciones, que —en la práctica y en el tema que nos convoca— consistía en tratar de emular la calidad y sabores de los bebedizos del mundo. Así, mi padre bebía vodka que no era vodka, whisky que no era whisky, coñac que no era coñac, ron que no era ron. En fin. Una amalgama de elementos químicos simulaba el color y la gradación alcohólica del ron, por ejemplo, razón por la que era un suicidio intentar empinarse una copa sin mezclarlo con gaseosa para ocultar la infamia de la política económica arrastrada desde los años 60.

Qué tristes tiempos, señor.

No obstante, por la rapidez de aplicación, el proceso evolutivo trajo sus consecuencias. Antes nos deleitábamos con tragos miserables, y ahora, habiendo tanta abundancia de exquisiteces, sólo trasegamos licores como cerdos desaforados y urgentes. ¿Sabrán esos pendejos imberbes, que hoy mastican el *Cuba Libr*e como si fuese agua, que unos pocos años atrás conocíamos el ron sólo por referencias? ¿Entenderán mis vecinos del 702, cuando salen a comprar las *promos*, que hubo un tiempo en que había sólo una variedad de pisco? Además, como dato agregado, muy pocas variedades de gaseosas, y todas apenas en envase familiar de 660 centímetros cúbicos. Es difícil que te crean, casi como argumentar que el mundo antiguo era en blanco y negro.

Hoy, cualquier muchacho recién destetado se cura con *una* botella de whisky. Ya no es un acto tan criminal sacarle el *Ballantine's* al papito en un carrete de fin de semana, porque dicha exquisitez puede ser reemplazada de inmediato, antes de que el dueño se percate. Las empresas importadoras se encargan de atiborrar las estanterías de los supermercados con una variopinta gama de licores, de manera que podemos sentirnos irlandeses, cubanos, rusos o ingleses cualquier tarde de juerga en la terraza.

El mercado derribó las barreras de modo vertiginoso, todavía no se nos seca la ojota con agua de la noria y ya tendemos a pedir el *vodka martini batido, no revuelto*, como James Bond.

Conocí el whisky cuando naufragaba en mis estudios de ingeniería, a mediados de los ochenta. Mi amigo Gonzalo Vásquez me invitó a su casa para disfrutar de un nuevo invento tecnológico: el reproductor de video, cuando todavía no se regulaba el arriendo y las películas en ese formato sólo eran versiones piratas introducidas al país. Mientras veíamos "Terminator", Gonzalo me invitó un vaso de un licor amarillento cargado de hielos. Sin temor a que se me notara lo huasito, tuve que preguntar qué cuestión era esa, aunque no me sirvió la explicación. Bebí dos cortos, poca cosa, y amanecí vomitando la bilis en el baño de visitas, más pálido que un muerto ahogado en leche. Desde esa jornada me encontraría con el whisky de manera cada vez más frecuente, hasta que lo abandoné para siempre (creo) la tarde de un viernes dos de abril de 2004.

Pero no todo podía ser whisky en la vida, y menos al precio que subió luego de la debacle de 1982, momento en que el ficticio dólar de 39 pesos se fue a la cresta. Ya en los 90, con mi amigo Claudio Solo bebimos potajes matacaballos en nuestras épocas de miseria económica y espiritual, en las que juntábamos monedas para unas modestas petacas de pisco Limarí o aguardiente de Linares, o nos conformábamos con una ronda de cervezas en las cantinas de la calle O'Higgins. Por ahí, en mi primera novelita consigné que conocimos un ron "tipo" Jamaica, embotellado en la calle Colo Colo a la altura del 700, cuya etiqueta de un pirata de caricatura debí haber conservado para que me creyesen la historia. Un signo de que el vendaval de tragos importados no extinguió totalmente el afán chileno de imitar las bebidas extranjeras, a punta de trasvasijes brujos, y el afán humano de empinarse esas botellas, a punta de intoxicados en la Posta Central.

De hecho, en los convites y malones de las clases sociales más bajas, aquellas que ni siquiera han gozado del arribismo leninismo, todavía reinan los licores Mitjan's, esa marca simbólica de los embelecos químicos.

De tanto escribir y reflexionar sobre las botellas y los tragos, de repente he descubierto que mi propia vida refleja ese cambio apresurado. En el hogar de la universidad contrabandeábamos damajuanas de vino para regar las tomatinas con que cada pieza celebraba el fin de la ronda de certámenes o el principio del semestre, o lo que fuera, excusas no faltaron. Vino a granel, sin ningún refinamiento de etiquetas ni pretensiones de enologías sibaritas, empinado hasta que caíamos muertos en las literas, luego de haber pagado nuestras culpas con el hocico babeante por las ventanas que daban a la calle Angol.

Y no muchos años después usted me habrá visto como cliente regular en la emblemática botillería Kamadi, adquiriendo whisky como un caballero que desea aprovisionar su castillo en las tierras altas de Escocia. Tanto así, que las chiquillas dependientas me saludaban amablemente, sin que fuese necesario pedirles que me bajasen tal o cual botella de la estantería de licores. *¿Viene a buscar su botellita?*, me decían con naturalidad, como quien va a comprar el pan.

Aquí en mi ciudad, el Kamadi es el mayor símbolo de una abundancia inusitada de licores antes impensados, y más en una tierra que sólo conocía la grapa de Quillón como el máximo refinamiento bebestible. En mi buena época de gran bebedor, entrar al Kamadi se entendía como entrar al Paraíso. ¿Cómo era posible concentrar tanto whisky, vodka y ron ordenados en rumas hasta el cielo, y a precio de huevo? El viernes por la tarde un enjambre de muchachos, de pendejos recientes revolotea por las afueras del local juntando las monedas para comprar una *promo* de ron o pisco, o incluso vodka o whisky.

Será por eso que a los parlamentarios de derecha les da por intentar tapar el sol con un dedo y cerrar botillerías a las doce de la noche. Manga de palurdos.

Veinte años antes, el Kamadi era una modesta frutería de barrio, cuya patente de expendio de bebidas alcohólicas se limitaba a las garrafas de pipeño de Ñipas y a las botellas blancuchentas de aguardiente de Guariligüe. Hoy se asemeja a una *liquors store* de Nueva York, del mismo modo que nosotros hemos imitado cada detalle de la sociedad norteamericana, junto al chicle y las hamburguesas de cartón.

No he vuelto al Kamadi en años, y pienso que debería regresar a colocar una placa recordatoria junto a la puerta, por los favores concedidos en tantos lustros de mi botellita diaria. Y cada vez que transito por esa calle, desde la vereda del frente, me viene a la memoria esa época antigua de los licores sucedáneos en la casa de mis padres, en contraposición a la cornucopia moderna, emparentada con los centros comerciales y los supermercados generosos en variedades de *single malt whisky*.

En fin.

Vaya aquí un brindis por Ignacio, mi papá, porque el destino impidió que tuviésemos la oportunidad de beber una copa de whisky.

## CÓMO BEBER EN CANA
### El catálogo de los bebedizos criollos míticos

He querido colocar aquí los bebedizos y preparados que, más que folclóricos, han adquirido el carácter de emblemáticos alcohólicos, y conforman la mitología popular en torno a las bebidas. Varios son conocidos sólo por referencias, sin que jamás se nos presente la oportunidad siquiera de apreciar su aspecto en un vaso. Pero los nombres están relacionados con momentos heroicos de la chilenidad, y sirven de banderas de lucha frente a los intereses extranjeros. Es inconcebible, por ejemplo, que el pisco *sour* ahora sea parte de un complejo problema geopolítico con Perú, a la par con los diferendos limítrofes en la extensión marítima de ambos países. ¿Será para tanto? Si es apenas un tragullo agrio e inofensivo, un aperitivo suave con el que ineludiblemente comenzamos cualquier larga o corta jornada de copas.

Puede que la piscola sea el último agregado en esta lista, cuya preparación a base de pisco también la ha puesto en la mira de las carreras armamentistas regionales. Vamos viendo:

## Chuflay, *deam gringos in Valparaíso*

El diccionario de la RAE la define como una bebida compuesta de una parte de licor y otra de gaseosa, a la que se añaden rodajas de limón. Sin embargo, en sus "Apuntes porteños", el dibujante Renzo Pequenino —Lukas— es más específico en el origen de tal término, y recoge una expresión porteña de principios del siglo XX, en que los extranjeros de origen inglés y norteamericano en Valparaíso ingerían este potaje, aún sin nombre. Debido al alto contenido de azúcar de la gaseosa, las moscas revoloteaban en torno al vaso. Entonces, los gringos pretendían espantarlas con la voz *shu, fly* (en inglés, mosca se dice fly), término recogido por los nativos para la denominación de este trago, y luego deformado por el uso y la ignorancia del idioma inglés a **chuflay**.

Aquí debo consignar una nueva pelea histórica y fronteriza con Bolivia. Además de pretender el mar, los bolivianos también acusan ser los dueños del chuflay. Esta expresión la recogí en mi anterior libro, "Diccionario del buen bebedor", aparecido en 2005. Un tiempo después, cometí la acostumbrada acción egocéntrica de buscar mi nombre en el Google. Allí encontré un artículo misceláneo en el periódico *La Razón*, de La Paz, Bolivia, del 19 de marzo de 2006. Quién sabe cómo, su autora había leído mi libro, y escribía una furibunda defensa patria del chuflay como trago típicamente boliviano. Me lleva la cachetada. Habré quedado como uno más de los chilenos expansionistas y usurpadores del mar. Que me place.

## Chupilca, pasión por el inodoro

Aceptada por el diccionario de la RAE como un término popular chileno, esta bebida a base de vino tinto y harina tostada se halla arraigada en nuestra identidad nacional. Por su sencilla preparación y gran valor nutritivo, la **chupilca** se presta para ser considerado un alimento completo, casi una mamadera de adultos, razón por la que algunos la recomiendan para aminorar los efectos de la resaca. Leemos en la "Epopeya de las comidas y las bebidas de Chile", de Pablo de Rokha:

*Si usted se presenta malo del cuerpo,*
*tómese una gran chupilca de madrugada*
*y frótese las manos de gusto.*

Muy fragante y de ostentosa presencia, su ingesta demanda estómagos fuertes y vigorosos. En ciertas regiones del país se la prepara con chicha de manzana. También chicha de uva, instancia en la que posteriormente recomendamos disponer de un cómodo inodoro y algunas lecturas no muy breves a mano, como *Guerra y paz*, de Tolstoi, por ejemplo. La sonoridad del nombre, junto con las cualidades antes descritas, convierte la **chupilca** en un apodo vistoso e ideal para un sujeto de aspecto andrajoso y poco agraciado por la naturaleza. En mi época de estudiante de ingeniería, conocí a un *Chupilca*, dirigente político quien —para peor— era democratacristiano. Debe haber alguna relación.

### Chupilca del diablo, hazte hombre

Trago mítico que data de la Guerra del Pacífico, utilizado por los militares chilenos como estimulante del sistema nervioso central, caracterizado en su ingesta por una hiperventilación, taquicardia, identidad paranoide y sudoración. Se supone que se prepara con una medida de aguardiente y un poco de pólvora recién usada. Se utiliza actualmente como bebida de bautizo de los artilleros: apenas se acciona por primera vez una pieza de artillería, el aspirante debe tomarse un trago de aproximadamente un litro de vino tinto pipeño dentro de la vaina que acaba de usar. La mitología patriótica señala que varias de las gestas heroicas de la Guerra del Pacífico se debieron, en parte, a que nuestros soldados se habían empipado unos jarros de chupilca del diablo, y por eso corrieron y mataron como locos.

## Malta con huevo, el alimento total

Dos bravos enemigos posee el inofensivo potaje resultante de mezclar — por lo general en licuadora — una botella de malta con un par de huevos y azúcar a discreción: los nutricionistas y los bacteriólogos. Los primeros, porque se trata de un embeleco atiborrado de calorías, pues sume usted el innegable valor alimenticio de los granos de malta fermentados con los huevos y el azúcar. Es como almorzar dos veces de un resuello, no apto para señoritas acinturadas ni para viejos colesterólicos. Y los segundos, por las múltiples campañas del Ministerio de Salud que nos previenen de la *enterobacteriaceae salmonella*, aquel parásito que se encuentra en los huevos crudos y sus derivados. Aquí, de paso, también sufren el buen pisco *sour*, la plebeya vaina y la mayonesa casera. Qué difícil se torna la vida moderna.

Así, con el mundo en contra, se ha ido perdiendo la tradición de la malta con huevo, antes servida a destajo en los hogares, sin importar la edad de los bebensales. Si invoco mi memoria, puede ser el primer tipo de bebida alcohólica que me dieron en casa, cuando era un niño más lerdo y pajarón que el promedio. Mi padre bebía malta con huevo de manera regular, los domingos en la mañana a modo de un completo desayuno, o los viernes por la tarde luego de salir del trabajo, cual si fuese un aperitivo. Entonces, no había obstáculos para que el cabro chico igual agarrara su parte, obnubilado por el derroche de espuma del preparado.

Más tarde, en el hogar universitario, la malta con huevo se convirtió en un lujo mayor, justamente por ese carácter transversal: ser comida y bebida a la vez. Coronaba las jaranas y fiestas en esas piezas tan húmedas que solíamos llamar mazmorras, y peor en nuestro constante estado de Puerto de Hambre. Y luego, en la época oscura de los estudios de periodismo, con mis fieles amigos concurríamos al bar "La Parrita", cerca del patio de trenes, en donde no nos preocupábamos por la higiene de los vasos o del jarro gris escoria de la juguera. Eran los tiempos del "deber de beber", consignado en mi primera novelita.

La malta con huevo pierde todas las batallas en el exitismo económico y la modernidad que simulamos disfrutar hoy. El huacherío imberbe se va directo a la *promo* de pisco y gaseosa, por ejemplo, y las compañías cerveceras se niegan a masificar la producción de malta. Vea en un supermercado: qué escasez de marcas. Propongo una campaña nacional: "Yo bebo malta con huevo", en la que veamos a conocidos rostros plantarse al seco un jarrón del potaje. Me ofrezco para esa tarea.

**Pájaro verde, yo amo el peligro**

Mítica bebida carcelaria preparada con alcohol metílico, que cada cierto tiempo se abre espacio en las páginas policiales de los periódicos. Existen muchas variantes y versiones, pero todas originadas en la necesidad de los reclusos por beber. Así, cuales alquimistas del tercer mundo, mezclan y destilan lo inimaginable a fin de satisfacer sus ansias de embriaguez. Por lo general, la base de tales preparados es diluyente de pintura o barniz o, en el mejor de los casos, un frasco de alcohol desinfectante robado en la enfermería. El elemento destilable se basa en el principio químico de que cualquier sustancia que contenga almidón es susceptible de transformarse en alcohol: desde cáscaras de papa a corontas de manzana o choclo. Y se mueren, vemos el titular en la prensa, contamos los intoxicados al año, y no nos provoca asombro. En cierto modo, beber **pájaro verde** es jugar a la ruleta rusa, cosa de hombres bravos, porque todos los que estamos en el lado de acá de las rejas no somos más que mariconcitos cobardes.

Reproduzco aquí una antigua nota de prensa extraída del diario *La Cuarta*, porque en su peculiar estilo ilustra la recurrencia del **pájaro verde** en las cárceles chilenas. Nótese que el matutino utiliza la expresión "chicha canera", como también se conoce al brebaje.

Gendarmes pensaron que era fuga
y activaron plan antimotín:

### EXPLOTÓ UNA "CAVA" DE PÁJARO VERDE EN CÁRCEL DE RANCAGUA

La explosión de cinco botellas de chicha canera, que los presos de la cárcel de Rancagua tenían envejeciendo en el entretecho del penal, dejó con los pelos de punta a los gendarmes de esa ciudad, quienes activaron un gigantesco operativo antimotines, pensando que se trataba de una fuga armada.

El tony se inició la mañana del martes, cuando cinco botellas de pájaro verde preparadas por los internos hicieron ¡pum!, a causa del calor y la fermentación.

De inmediato, los centinelas apostados en el sector que da hacia la calle O'Carrol creyeron que se trataba de un intento de fuga y activaron un operativo de seguridad, que incluyó la ida desde Santiago de gendarmes del Grupo Antimotines.

La cuática se inició a las 08:45 horas, con el allanamiento a todas las celdas del penal, y terminó cuando los guardias hallaron en el entretecho los restos de cinco botellones que contenían chicha canera.

El supuesto motín hizo que algunos guardias hicieran uso de sus armas de servicio para responder los "bombazos".

El operativo mantuvo con los pelos de punta a los familiares de los patos malos y fue confirmado por el director regional de Gendarmería, Henry Bravo. El capo dijo que las cinco explosiones confundieron a uno de los centinelas y que por ello hizo uso de su arma de servicio. Bravo reconoció que los gendarmes estaban tan saltones que incluso se solicitó la ayuda del Grupo Antimotines de Santiago.

### Pipeño, el té del mercado

Ese potaje de incierto color, desde el amarillo claro al marrón oscuro, es un vino de reciente cosecha y sin filtrar guardado en pipas de madera y bebido con profusión durante los meses posteriores a la vendimia. El **pipeño** es el mosto que reina en cocinerías de mercados y restaurantes de productos del mar, así como en guaruchos y cantinas de todo el país. Para beber **pipeño** existen tres leyes básicas:

1. Jamás se debe agitar una botella de **pipeño** antes de ingerirla, porque se levanta la borra, aquella hez o sedimento espeso formado al fondo del líquido, nociva para la salud.

2. Por las condiciones de producción, beber **pipeño** es un acto de valentía, que puede acarrear consecuencias diarreicas insospechadas. Pero vale la pena el riesgo, porque justamente el azar permite que de repente nos encontremos con caldos sublimes, superiores a cualquier mosto embotellado de nobles etiquetas.

3. Nunca hay un **pipeño** igual a otro, ni siquiera del mismo productor y las mismas parras. Su producción artesanal y aleatoria, sin controles de calidad o normas de

higiene, garantiza que jamás se podrá repetir el sabor de un **pipeño**. En ciertos mercados, el pipeño recibe el nombre de té, o tecito, y se le sirve en tazas. Se trata de un viejo truco para eludir la ley de alcoholes en aquellos recintos que no poseen patente para expender bebidas espirituosas.

### Pisco *sour*, ¡chileno, mierda!

Mención de honor para la nobleza balsámica de este trago a base de pisco, limón, azúcar y huevo, que comparte la soberanía nacional junto con la piscola. Imposible establecer una convención o acuerdo, la libertad de preparación del pisco es tan larga y ancha como nuestro país. Es cuestión de preguntar, y aparecerán mil formas distintas de crear un pisco *sour*, surgirán los datos de que allá en el bar del Centro Español había una señora poseedora de una receta magistral, o que en el sur le agregan una cascarita de limón, o que los cholos peruanos nos han copiado el *know how*, y ahora pretenden apropiárselo. Es como la empanada frita, con la que cada cual lleva una personal vivencia tanto de las *caldúas cebollonas* como del pisco *sour: el que preparaba mi abuela, ese sí que era rico.* Cabe mencionar la mano diestra de mi amigo el profesor Barría, quien se llevaba unas cuantas botellas de pisco en sus viajes por América Latina, para encandilar a sus anfitriones con este brebaje agrio y dulzón a la vez, que suele servirse de aperitivo en un buen restaurante, o a granel y litreado en los cócteles, donde se debe contar con la habilidad para esconder la copita en las espaldas al momento en que se toman las fotos sociales. Notable y aplaudido el **pisco** *sour*, tanto que todavía insistimos en que Pablo Neruda cometió una gran falta al no incluirlo dentro de sus *Odas Elementales*. Se le perdona, a cambio de las otras

odas. Anoto aquí un diálogo magistral hallado en la novela *Fiesta de disfraces*, de Luis López-Aliaga:
—*Un pisco sour.*
—*¿Y para beber?*
—*Otro.*

### Piscola, trago de putas, pero qué rico

El más apetecido y popular de los tragos combinados en Chile, quizás debido a su sencillez, bajo precio y falta de pomposidad. El pisco mezclado con una bebida cola, y una rodaja opcional de limón, es insustituible en los bares y cantinas, también en fiestas universitarias y casas de lenocinio. En torno a la **piscola** han comenzado a tejerse leyendas y ritos, potenciados por una poderosa campaña publicitaria de las empresas pisqueras, y aunque al parecer es fácil de preparar, sin más alternativas, la bibliografía teórica y práctica en torno a ella se acumula tan rápido como su aceptación. Si alguna vez la **piscola** era sólo un signo de bajo estatus social, o propio de las señoritas del amor tarifado, ahora se le reconoce como el gran comodín del jolgorio, y genera su propio vocabulario. Aquí presentamos tres leyes básicas que todo buen bebedor de piscola debe conocer:

1. Nunca bebas sólo una piscola.
2. La mejor piscola es la que no lleva bebida cola.
3. Es un trago comodín, universal. Puede beberse tanto de aperitivo como bajativo, cargado al hielo, a la gaseosa o al pisco. La bebida cola es tanto una marca transnacional como un *sucedáneo* chilensis, de esos tipo *Pin Cola*. Es decir, no hay piscola que sea reprobable.
4. Nunca bebas la última piscola.

## Ponche de mariscos

Ay, difícil es hablar de este bebedizo infame, sin recordar los tiempos en que ejercía de temerario estudiante, capaz de probar lo que me dieran. El ponche de mariscos, o también conocido como ponche de picorocos, consiste en licuar en una juguera diversos productos del mar, crudos y cocidos. Luego agregarles sal, limón y cantidades a discreción de aguardiente o vino blanco. El resultado es un líquido de consistencia lechosa con pequeños elementos flotantes, que debe servirse en rebosantes cañas largas. Lo bebimos alguna vez con mis compañeros de la escuela, se supone que es un levanta muertos, o un afrodisíaco instantáneo. También es un trago bien alimenticio, casi como comerse un mariscal frío en una fuente de greda. Todo es mentira: el ponche de mariscos lo lleva a uno directo a las casitas, salvo que tengamos el estómago curtido con licores venenosos.

El ponche de mariscos es un folclorismo de las cantinas aledañas a los puertos, en que llegan los viejos marinos a quienes no les causa mella tan peligrosa mezcla química.

# DEL BIGOTEADO AL GRAN RESERVA
La nueva raza de siúticos bebedores de vino, el mundillo de las galas de vino y los cursos de cata para ejecutivos ociosos.

*Yo le dije que a mí me había parecido un vino riquísimo, pero no le conté que era la primera vez que tomaba vino en mi vida.*
Mario Vargas Llosa *La tía Julia y el escribidor*

*El tinto de la casa viene en finas copas, anchas como nalgas de jueza de policía local.*
Vinicio Cordeiro.

Partamos de una simple base: usted no sabe de vinos. Y yo tampoco. Pero puchas que nos esforzamos en aparentar. Será por la soberbia de los índices macroeconómicos del país, por la estabilidad institucional, por la democracia carnavalesca o, sencillamente, por un asunto de arribismo leninismo, al que tan bien nos acomodamos. Desde que escuchamos la noticia de que el vino chileno se vendía bien en el extranjero, desde que podemos cargar con varios carros de mercadería en un supermercado, nos sale esto de hablar del vino como si fuésemos nobles franceses nacidos y criados en viñedos familiares de larga data.

Con los paladares plebeyos, de pronto nos embarga la fiebre de ostentar ancestrales sapiencias vinícolas, cuando todavía nos babea la jeta del buen litreado.

Recuerdo haber acompañado a mi padre a comprar vino en mi niñez. Salíamos temprano en la Citrola ASAM con dos garrafas para adquirirlo a granel en alguna casona del campo, en cuya bodega uno se embriagaba con el aire. Imagine, señor juez, mis pulmones de pendejo respirando esa fragancia de mosto que emanaba de los toneles. ¿Qué vinos habrán sido aquellos, caballero? Eran tiempos en que a mi papá no se le hubiese ocurrido jamás meter ese vino en una botella de etiqueta pituca para engañar a los amigos.

Hemos internalizado con tanta soberbia unas pocas palabras robadas, a fin de simular un docto conocimiento, que a la distancia se nos nota la falacia, la puesta en escena de teatro a mil. Usted cree que engaña si agarra una botella con parsimonia en el *wine store*, como si le hablase, la aprecia al trasluz o le mira el corcho, y paga hasta ocho lucas para llevársela a casa, que esta noche viene a cenar esa pareja de amigos que comparte el mismo afán de la siutiquería.

La pompa continúa en el hogar, pero con espectadores atentos que aplaudan el cúmulo de conocimientos que cree poseer, sólo porque en el verano visitó un par de viñas en Curicó, o porque se ha suscrito a esa revista especializada que le envía una botella al mes. Entonces vienen frases como:

—*Este vino tiene buen cuerpo.*
—*Veo que es un vino seco.*
—*Ah, típico aroma del valle de Santa Cruz.*
—*Este cabernet huele a damascos de la India.*

O cualquier farfullada adicional que despiste, que remita a la grandilocuencia de un maestro, y que provoque la admiración de los otros, no necesariamente engrupidos, pero que se prestan para la escena porque el próximo fin de semana a uno de ellos le corresponderá el papel principal.

Si antiguamente el signo de intentar ascender en el escalafón social derivaba en un auto nuevo, y bien caro, ahora nos hemos sofisticado: hay que saber de vinos. Vea usted que hasta resulta más barato.

El azar me ha llevado a compartir la mesa con magníficos pelmazos, generadores de ruido con la leserita de los vinos. Si me permiten elegir el vino, dicen, y adquieren un semblante de sabio milenario al mirar la carta, cuando apenas realizan el mismo terrenal ejercicio mío de buscar uno término medio, de marca conocida, ojalá tinto. Y ya. Luego debemos tragarnos el mosto aunque sea un bigoteado fina selección.

Primera ley del vino:
Los auténticos conocedores evitan hablar en voz alta, y suelen abrir la boca sólo para beber.

No hay moda más transversal que el imaginario de saber de vinos, desde la chiquilla estudiante botada a sofisticada, cuando todavía arrastra las haches como en *shansho* y *shala*, hasta el señor gerente de la gran tienda, que al menos conoció Burdeos en un viaje de negocios pagado por la empresa. Se venden libritos, anuarios de vino, o volúmenes empingorotados para la mesa de centro, y la gallada en pleno los compra y se aprende uno o dos datos brujos para la siguiente oportunidad en que pueda deslumbrar con su cultura enológica. Cualquier cosilla vale, la rareza de tal cepa, el nombre de ese tipo de botella, el calado correcto de una copa para el blanco, o el diámetro del corcho.

Segunda ley del vino:
Los ignorantes se deslumbran con las etiquetas de las botellas, y creen que en ellas se dice la verdad.

*Ya sabe:*
*la fina cepa,*
*los taninos,*

*el valle generoso,*
*la tradición,*
*la vieja guarda,*
*el buqué,*
*¡las medallas!*

Y otros chanchullos un poco más retóricos, como:
*Vino con taninos excelentes.*
*El aroma a tabaco, ciruelas y frutos del bosque, quedan claramente definidos en el retrogusto.*

La veracidad de una etiqueta es similar al discurso del artista en decadencia, que dice deberse al cariño de la gente.

Jamás olvidaremos aquel pelafustán, ese déspota picante (ilustrado, jamás), que se infiltró en nuestro convite con mi amigo Alfredo Barría, allá por los 90, portando orgulloso una botella en que se leía:
*exportación*
*exportación*
*exportación*

Y convencido de que nos había hecho un gran favor al premiarnos con su compañía y con un mosto que, seguro según él, se iba directo desde Pirque a las mesas más exigentes de Europa o Asia. Ni siquiera le llamó la atención el precio de 700 pesos, con envase.

Su merced creerá que esto de mirar las etiquetas con adoración es cosa reciente, bendición de la economía de mercado y la globalización, pero no. El arribismo ante el vino surgió el mismo día en que se estrujaron las primeras parras, dicen que Baco fue en verdad el primer insoportable nuevo rico. En *Recuerdos del pasado*, Vicente Pérez Rosales relata uno de sus viajes por las zonas viñateras de Francia, y su comentario de lo que vio es notable, lo que demuestra que ni siquiera los siúticos son originales. Juzgue usted:

*Lo malo que no parece bueno no se vende. Lo que me maravilla, lo que me saca de juicio, es observar el aire doctoral y satisfecho, la gravedad sin par con la que muchos de los más supuestos preciados conocedores de licores sorben y saborean tragos de vino artificial ponderándole ante sus convidados como grave* pur sang *y exhibiendo además, para mayor abundamiento, la marca, el sello de la botella, ¡y hasta la carta guía de la acreditada casa que remitió el licor!*

La ceremonia espiritual y de comunión de esta nueva religión de los enólogos a la pala, es aquel evento social llamado *cata de vinos*. También anduve por ahí un par de veces, para comprobar que se trata de una borrachera colectiva más, en la cual los palurdos pretenden agarrar la mayor cantidad posible de copas gratuitas, como si fuesen dianas en un concurso de kermés de pueblo. Porque todo comienza con un intento de exclusividad, que sea pura gente linda la que llegue al encuentro, y no: igual no más se les infiltran los rotos, *posom*, los curagüillas regulares. Sin elegancia y sin cultura de vinos, lo único que distrae al tropel de sedientos es el desfile de caderas al aire de las niñas promotoras. No obstante, luego se pavonean como condes de Borgoña, y cuentan que fueron a poner a prueba sus vastos conocimientos de vinos, cepas, marcas y botellas. Al final, cuando el exceso de copas ha acusado el golpe, se asemejan mucho a cualquier curadito de cantina: aflojan las ropas, se ponen estridentes y torpes al moverse. Bien contentos, como dicen en el campo. Más que nada, se convierten en borrachos cargantes y hostigosos, apelando a la afirmación de mi amigo Luis López-Aliaga sobre la democracia de los estados de embriaguez.

Para mí, la única *cata de vinos* válida, es cuando mi amigo Cristian Celis Bassignana —a quien decimos Cata— me invita a descorchar una botella en su departamento con vista al río.

Me persiguen los nuevos bebedores de vino, huachafos que tienden a la mala cátedra en los asados en que uno sólo pretende dejar pasar la tarde junto a la parrilla, y comienzan a pontificar acerca del tipo de vino adecuado para cada carne. Ya sabe, esas lecciones de pobre silabario determinantes de un blanco junto al pescado y un tinto junto al novillo.

Tercera ley del vino:
De momento, debemos conformarnos con aprender a distinguir dos tipos de vino, el bueno y el malo.

Como señala mi amigo Miguel Gomes, "para mí, el vino es una cosa que se hace con los pies, y muy casera". La extrema academia es un artificio que no siempre se acomoda al vino.

Aunque parezca pan comido, distinguir entre buenos y malos es una tarea que reviste dificultades, entorpecida por la tropa de religiosos que pregonan erudición viñatera adquirida apenas ayer.

Corolario: el vino es como la literatura, disciplina en la que también sólo se distingue la buena de la mala. Un efecto secundario ha sido señalado por mi amigo Luis López-Aliaga: la buena literatura es la que provoca sed.

Liberados de la comparsa científica en torno al vino, podemos apelar a una serie de trucos para diferenciar unos y otros mostos.

1. El vino malo se sirve en fuentes grandes, y se acompaña de un vegetal llamado lechuga.

2. El vino bueno jamás aparece en las celebraciones de la oficina, ni en las cajas que la empresa regala para Navidad.

3. El tamaño del envase es inversamente proporcional a la calidad del vino.

4. Parafraseando a "El Padrino": cuando vienen a ofrecerte vino de ocasión y en oferta, ese vino es malo.

5. El vino con aroma a frutas es bueno. El vino con sabor a frutas es malo, o a usted le dieron ponche.
6. En una gala de vino se ofrece y se degusta vino bueno. Y vino malo.
7. Si usted agasaja con vino a sus amigos, y uno de ellos comenta algo así como "ah, es un poco distinto", entonces ese vino es malo.
8. El vino que el supuesto conocedor ha guardado desde hace 25 años para una *ocasión especial*, es malo. Corolario: se trata de un vinacho que hace 23 años dejó de ser vino, y es indicativo de la larga, vacía y desdichada vida del propietario.
9. Si a uno lo invitan con la frase "vamos a tomarnos un vinito", con el notorio diminutivo, es señal de que beberemos un vino malo.

Y ya, me cansé y me dio sed. Antes, una última diferencia, tal vez la más significativa:

10. El vino malo suele generar poesía. El vino bueno genera estudios de mercado.

# APARTA DE MÍ ESE COLA DE MONO
¿Qué se bebe en Navidad, qué se bebe en Fiestas Patrias?

## 1. La maldición de diciembre

En el ritual de las fiestas de fin de año debemos escapar de dos potajes, rara vez opción voluntaria: champaña y cola de mono, esgrimidos en todo momento como un acto de expiación de pecados colectivos.

La champaña, vaya y pase, uno soporta aquel vino espumante de vez en cuando, falsamente asociado con el *glamour* y la gente sofisticada, hoy reducido a la categoría de las papas fritas, las aceitunas y las *galletas de champaña* en el cóctel apurado de la oficina. En el filme "La comezón del séptimo año", el personaje que interpreta Marilyn Monroe bebe sorbos en una de esas copas de boca ancha, y teme que las burbujas se le suban a la cabeza y la emborrachen, lo que puede ser perjudicial para una señorita decente. Con ello crea el icono clásico de la rubia platinada, fácil de arrastrar al lecho con unas copas de champaña, y que la chilenidad todavía trata de practicar, aun cuando cambia el noble champañazo por una plebeya piscola. Estáis advertidas.

El cola de mono, en cambio, es una maldición de diciembre. En cualquier casa que uno caiga, de inmediato nos atizan con un vaso de este potaje lechoso. No se le ocurra salir a dar abrazos, porque a la vuelta supurará cola de mono por la orejas. Para peor, acompañado de ese masticable más seco que lengua de loro y que la gallada acarrea desde las rumas insalubres de los supermercados: el pan de pascua. Su merced trate de comprender cómo sufro en estas fechas "tan especiales", en que las amistades pretenden ahogarme con pan de pascua y cola de mono.

Además, el cola de mono permite que surjan ciertos comportamientos fundamentalistas shiitas, porque en cada casa de Chile se asegura que ahí, y sólo ahí, se prepara el mejor cola de mono. Qué se yo, la receta de la abuela, el truco secreto del suegro, la maña de la nana. Es un fanatismo similar a la pugna por las empanadas fritas, en la que uno defiende hasta la muerte la superioridad de esas que nos servía la mamá (salvo en mi caso: es cierto que nada supera las empanadas de mi mamita). Entonces, doblemente potenciado, en cada hogar que se precie de tal hay un cola de mono en estas fechas: unos más oscuros, más bravos, menos lechosos, más virulentos, en fin.

Ni la invasión de los bebedizos industriales ha disminuido la competencia nacional por esa mezcla de lácteos, *cafétidos, canélidos y aguardientósidos* en proporciones a discreción. En el fragor de la contienda, siempre nos piden un pronunciamiento, para reafirmarles la certeza de poseer ellos el mejor de los mejores. Bueno, si se trata de la casa de la suegra y usted anda con malas intenciones detrás de la hija, diga que sí, diga que sí, jure nomás, comprometa su palabra ante los dioses. Y después puede lavarse la boca con jabón.

La alternativa es huir, o encerrarse la noche de año nuevo, bien aperado de esos tres líquidos celestiales preferidos por los buenos bebedores: vino, cerveza y whisky. Porque, como decía mi amigo Claudio Solo, el cola de mono es un mal potaje al que le sobra el café y la leche.

Y por último, si lo acorralan, prefiera cualquier mano artesanal que se esmere en un cola de mono. Jamás opte por uno de envasado industrial, porque quizás qué infundios químicos se llevará a la boca, señor.

## 2. La dieta del noticiero de TV

Aquí me permitirán ustedes una breve desviación del tema, porque si hablamos de los hábitos bebestibles en las fiestas de fin de año, no podemos eludir la variable del noticiero de televisión, en el que se desmenuza hasta el cansancio cada una de las facetas de la juerga de diciembre. Una de ellas es particularmente insoportable, la referida a la cantidad de alimentos y bebidas que uno se echa por el gaznate con la excusa de que el cambio de folio anual es similar a un acabo de mundo.

¿De dónde les sale esa especie de moralina dietética, esa apología de la anorexia extrema, para que nos vengan a asustar por cada gramo de carne, por cada dedal de licorcito que intentemos panucarnos? En los noticieros de televisión, todo se reduce a un esquema monocromático donde no caben medias tintas, ni análisis rigurosos. Entonces, aparece la señorita con sus cinco años de estudios universitarios a cuestas y comienza a detallar cuál es el hábito de los chilenos para esperar el nuevo año: el pisco *sour*, la champaña, el vino, los tragos largos, las lentejas, el asado, el ponche de piña, el pescado y los mariscos al amanecer. Luego, viene el sermón: se recomienda tomar una copa de champaña, y si va a preferir pisco *sour*, también UNA sola copa, y olvídese de la champaña. Para comer, reemplace el corte de carne por una ensalada de palmitos, y el postre de suspiro limeño por una fruta fresca de la estación. Se remarca tan apocalíptico menú con las amenazas de un nutricionista *ad hoc* calculada en equivalentes en calorías. A saber:

*Un vaso de cola de mono aporta una cuarta parte de las calorías necesarias en un día para un hombre promedio. Una botella de cerveza es igual a una marraqueta con queso y mantequilla.*

Y otras afirmaciones inquisitoriales, del tipo:

*Una copa de vino ayuda a prevenir las enfermedades del corazón, pero dos copas de vino pueden provocar la muerte.*

Qué soberana torpeza la prédica repetida por todos los canales de TV a las nueve de la noche, cuando en esos días mis queridos connacionales sólo desean destrozarse como si efectivamente el mundo fuese a reventar el primero de enero. ¿Alguien pescará los reportajes savonarólicos, las condenaciones a los infiernos con que nos azuzan por la televisión? Me resulta difícil creer que se tomen en serio ellos mismos, pese al tono circunspecto del discurso. Y más todavía si reconozco algunas caras que pasaron por aquí en las escuelas de periodismo. No eran precisamente abstemios ni frugales.

No puede ser cierto, o por lo menos no es aplicable a la vida diaria de gente que, en su mayoría, no tiene vocación de beata o santa. Si me tomo una cerveza a las cuatro de la tarde por el puro placer de creerme feliz un minuto, de acuerdo a estos heresiarcas de la TV tendría que sentirme culpable, mil veces culpable, y debería mantenerme sin comida hasta dentro de dos días más, pecador, pecador. O salir a correr hasta Chiguayante, ida y vuelta, para bajar el exceso de calorías.

Vuelvo a la noche de año nuevo, en la que ninguna persona mentalmente sana podría suscribir esas recomendaciones farisaicas de porciones de comida y licor como para un ratón de laboratorio. Ni siquiera nosotros, los que nos hemos retirado de las pistas, podemos eludir una segunda copa de champaña, un vino en la cena y el bajativo de la casa.

No. En la televisión no importa el objetivo ni la profundidad de lo que se emite, sino el modo de rellenar el tiempo con sermones recocidos del anterior año nuevo, y que volveremos a aguantar el año que viene.

### 3. Las Fiestas Patrias, ¡métale whisky, *posom*!

A pesar del ruido molesto de los noticieros de televisión y su afán de contaminarme la vida, esas fechas de septiembre me provocan la mayor de mis simpatías. Quizás porque uno recuerda las memorables empanadas y dulces chilenitos de nuestra madre, o porque se percibe en el aire un generalizado ambiente de juerga, y cómo podríamos negarnos, señor. También, creo, porque aquí la fiebre del consumo se dirige sólo a las necesidades básicas de comida y copete, nada de regalos por compromiso, declaraciones de buenos sentimientos y sermones de viejos con sotanas, como ocurre en Navidad. El 18 de septiembre es para ponerle, miércales. Con mayor razón cuando la fecha parte una semana por la mitad y se junta un feriado largo, apocalíptico: seis días tomando donde el guatón Monroy, como dice Tito Fernández.

Para el 18, es común que se acumulen tantos convites a parrilladas y demases, que uno corre el riesgo de arrebatarse. O es probable que el hígado no le aguante la maratón de carnes y bebedizos con probable visita de urgencia a la Posta Central. Así que anote el **primer consejo sano**: estudie su agenda con detención, privilegie las invitaciones sobre seguro en las que será bien atendido. Borre de su lista a los amigos que improvisan las parrillas con dos fierros atravesados encima de unas piedras, y que son tan diestros en encender el fuego como yo practicando cirugía cerebral. Tarje también a los despreciables abstemios y naturistas ecologistas verdes, maldición eterna para ellos. Recuerde experiencias pasadas y evite a esos desquiciados que tiran a las brasas hamburguesas de cartón, patitas de canario, albóndigas de salvado de trigo, ácaros de almohadas, chuletas de coliflor y cuanta lesera se les ocurra para reemplazar el costillar de chancho ahumado y el lomo liso de vuelta y vuelta.

**Segundo consejo sano**: apague el televisor. O se verá expuesto a la batería de estupideces y frases hechas que las señoritas periodistas recitan cada año para corroborar su nivel intelectual y creativo. A saber:

*Hay un ambiente de verdadera chilenidad en las fondas.*
*El trago es una verdadera pócima milagrosa.*
*La fonda se convirtió en una verdadera discoteque.*
*La idea es pasarlo bien.*
*Los niños fueron los más contentos.*
*En el último día hubo una verdadera avalancha de ofertas.*

Si no me cree, anote estas perlas y vaya chequeando el próximo año en cualquiera de los canales de TV, son infalibles. Sobre todo esa frase que sintetiza el alma nacional de un país pechoño y tradicionalista:

*Hay que ir a las fondas, comer una empanada, beber un vaso de chicha, y bailar un pie de cueca como Dios manda.*

Agh, qué dolor. Y pobres nosotros, los que no atendemos mandatos de ningún dios.

Volvamos a lo nuestro: una vez que ha organizado bien el periplo de las fiestas, y determinando con exactitud qué se estará echando por el esófago en cada minuto, no olvide actuar con prudencia para no caer herido de gravedad apenas el primer día. Es decir, no sea chancho ni chupe como piojo, ¡mesura, mesura!

La gracia del 18 es que uno puede beber de todo, como si se lo hubiese ganado. Cervezas a las nueve de la mañana, cuando las viejas de la cocina empiezan a desplegar sus artes centenarias. Pisco *sour*, bendito pisco *sour*, cuando ya estamos un poco más cerca de la parrilla y van llegando las chiquillas con las primeras sopaipillas, qué maravilla.

Una pausa. Salud por el compañero Arturo Prat, a quien le debemos estas festividades patrias.

Y seguimos, compadre. No nos vendría mal un jerez Tío Pepe helado, más que sea para causar daño en la cava del anfitrión, ideal junto a unos choritos maltones abiertos de par en par encima del fuego. ¿Podrá caber tanto menjunje en el estómago? Ah, claro, anote el **tercer consejo sano**: ayune, ayune como una monja en penitencia. Pero un ayuno de los bravos, comience a pasar hambre el 15 de septiembre, más o menos, y sobreviva a punta de sopitas de agua y galletas de aire. Así, reducirá un poco esa carga terrible que nos embarga al final de la fiesta: la culpa.

Ya estamos al mediodía del 18, viva la patria, y de seguro ponemos atención al sonido de los descorches de tintolio y a la fragancia de la primera sangre de novillo caída en las brasas. Da para largo, y podríamos saltarnos los excesos, incluso la siesta de la tarde. En mi caso, en la época de gloria estuve en asados dieciocheros que contemplaban un retiro espiritual como a las cinco, un par de horas metidos en la cama de las visitas —a veces con una visita joven, borrachita y pilucha— para luego despertar con nuevos bríos y seguir causando estragos. A esa hora, por cierto, no se bebe otra cosa que whisky, aun cuando nos resulte paradójico el extranjerismo en días henchidos de *chilenidá'*.

De repente nos pilla el noticiero de las nueve de la noche, y vemos a la niña que demuestra todos los talentos adquiridos en cinco años de carrera universitaria. A propósito de la variopinta oferta de las fondas, ella señala:

*De gusto no hay nada escrito.*

Enseguida, la televisión centra su esfuerzo en la imagen de máximo significado semiológico de las juergas de septiembre: el curadito que apenas se mantiene en pie afuera de las fondas y que intenta dar unos pasos de baile para la cámara. Por lo demás, es una estampa que resume el tono de chipe libre de las Fiestas Patrias: todo se permite, tanto en los barriales de las ramadas como en la intimidad de los asados caseros. La iglesia y el Estado bajan la guardia —¡chicha tendrá el pueblo!—, y hasta las doñas Tremebundas nos toleran los excesos. A lo más, nos asustan con penas del infierno y resaca a la vuelta del jolgorio. Como diría Don Juan: qué largo me lo fiáis.

Durante el 18 incluso pareciera que se esgrime una excepción a la ley que prohíbe beber en las calles y espacios públicos. ¿Será cierto? Al menos así lo dicta el mito, según me cuenta mi amigo Claudio Solo: *no te preocupís, socio, si hoy no pasa nada. Abre la botella de cerveza no más, y si llegan los pacos les invitamos una corrida, ¡viva Chile!*

Retornemos al tema de la chicha, usía, y anote el **cuarto consejo sano**: evite la chicha, y cualquier otro infundio sospechosamente laxante. No desperdicie estos patrióticos días en experimentos temerarios que podrían condenarlo a una residencia en las casitas, pozos negros o fosas sépticas, con daños y secuelas intestinales y hepáticas. No sea leso, caballero, en este país nos sobra el vino, si hasta los vinos malos son buenos. Así que póngale con confianza.

Póngale no más, aproveche que el 18 de septiembre persiste por encima de los alcaldes cartuchos y los moralistas al peo. Mándese una buena mona en honor a Diego Portales o José María de La Cruz, los bravos héroes a quienes les debemos las Fiestas Patrias. Al día siguiente, en el comienzo de una nueva jornada, le recomiendo unas cervezas a las nueve de la mañana, cuando las viejas de la cocina empiezan a desplegar sus artes centenarias…

## SOMO' AMIGO' O NO SOMO' AMIGO'
### Clasificación patriótica del chileno cuando ha bebido más de su cuota

*Ninguno de los hombres
que bebe cerveza en un comercial
de cerveza tiene la barriga
de un bebedor de cerveza.*

Rita Rudner

Mi querido amigo y colaborador de estos evangelios etílicos, Cristian Celis Bassignana, al leer la lista de chilenos de acuerdo a su conducta entre copas y cantinas, me comentó si existirán todos o si algunos de ellos no son más que definiciones teóricas sin nexos con la realidad. Le argumenté que de algo sí podemos estar seguros con respecto al comportamiento del ebrio: la variedad es sin duda más grande que la mismísima biodiversidad. Es probable que alguna vez el hombre pueda sistematizar cada uno de los escarabajos, por ejemplo, o enumerar las plantas medicinales en los manglares del Orinoco. Ya, bien. Sin embargo, la empresa sin fin, y más eterna que la muerte, sería justamente catalogar y sistematizar los tipos de bebedores.

Por lo mismo, es menester asumir que este catálogo es de por sí incompleto. O mejor dicho: nunca habrá un catálogo completo. Entonces, lo que viene a continuación es un esfuerzo modesto por empezar a armarnos la idea, recién, y ahí vamos viendo cómo la actualizamos. Acepto colaboraciones para futuras nuevas versiones de este libro, y advierto que las denominaciones son arbitrarias, aproximaciones de acuerdo a mi experiencia. ¿Qué esperaban?, si soy el que inventó este libro. Las muchas copas del pasado me otorgan autoridad moral.

## El bebedor astuto
Pan, botellas, justicia y libertad

*Hay que meter más toneles de vino,
dejen afuera a los unicornios.*

Noé

También podría llamarse previsor, pues utiliza su amplio intelecto para que en ningún momento ni circunstancia falte bebestible. Es un sujeto cuya visión de futuro lo lleva a portar siempre una petaca en ristre, a veces dos, aun cuando se desplace apenas unas cuadras por la ciudad. En su casa, acumula botellas como si esperase un holocausto nuclear, las ordena de tarde en tarde, las mima y suele hablarles al oído, más bien al gollete.

 Y al momento de abandonar la seguridad del hogar, siempre analiza el teatro de operaciones para cerciorarse de que habrá bebestible. En una reunión social, por ejemplo un asado campestre, el **astuto** es el encargado del apoyo logístico. Es quien calcula cuánto se va a tomar, de acuerdo a la concurrencia, luego multiplica la cifra por dos o tres y se preocupa de comprar, transportar y poner a punto el botellaje y los elementos anexos, tales como hielos o limones. Todos le agradecen al **astuto**, pues la eficiencia y esmero puestos en su trabajo crean la sensación de que es un ser solidario, un buen samaritano. Tal vez, pero el accionar del **astuto** es motivado por el poco altruista deseo de que a él nunca le falte qué empinarse. Si por rebalse favorece a otros, ya, bueno. Política del chorreo, le llaman.

El **astuto** es generoso y desprendido, es de los que paga una corrida de cervezas sólo para que él pueda disfrutar la suya. Entonces, satisfacer la sed de los demás es un precio mínimo para satisfacer la propia.

En los distintos universos en que la bebida es gratuita, el **astuto** se comporta como un estratega militar, como un Napoleón de la ingesta. El **astuto** es el que teoriza sobre la forma en que uno puede beber más en un cóctel, incluso realiza croquis para estudiar el flujo de las bandejas y la intermitencia del transitar de los garzones. Hasta le daría para una tesis de grado, si es que fuese necesario titularse de bebedor **astuto**.

Cuando es invitado a la casa de un amigo, el **astuto** aprovecha cualquier descuido del anfitrión para echar una mirada a la existencia de bebestible, y si descubre pobreza inventará cualquier excusa para retirarse temprano, a territorios menos inhóspitos.

En un bar, el **astuto** busca una mesa, se sienta y le dice al garzón:

—Buenas tardes, ¿de qué tamaño es la cava de este bonito lugar?

### El bebedor amarrete
*Cagartiaga cagartiaga est*

Se trata de un sujeto al que le gusta el trago, pero es tan avaro, tan coñete, que casi no bebe, salvo cuando puede beber a costa de los demás. El **amarrete** no compra alcohol, ni siquiera barato, siempre espera que la casualidad le lleve una copa a la mano, o una botella, en lo posible. Y aun cuando de repente recibe obsequios de Chivas Reagal o Antiguas Reservas, el **amarrete** esconde esas botellas y nunca las abre, porque "se pueden gastar".

En su casa, el **amarrete** se priva de todo para que no le falte nada. Y, del mismo modo, su casa es negada a sus conocidos con chamullos tan pobres como absurdos:
—Les voy a invitar un trago en mi casa en cuanto me instalen el TV cable —es su mejor argumento.

En la sociedad, es fácil distinguir al **amarrete**, es típico que ocupe cargos gerenciales, de dirección de departamentos o áreas. Algo en su química de **amarrete** lo lleva a ser "jefe". Su filosofía trasciende las fronteras de su bolsillo, y reitera su comportamiento cagón hasta administrando platas ajenas.

El **amarrete** es de los que porta siempre un billete grande, digamos de 20 lucas, para exhibirlo como excusa a la hora de pagar una ronda de cafés o cervezas: "encárgate tú, viejo, mira que ando sin sencillo". Truco infalible.

Por derivación, como el **amarrete** no posee el hábito de comprar vino o licores, simplemente no sabe de ellos. Es incapaz de distinguir una cerveza negra de una rubia, o un ron cubano de un sucedáneo nacional. Esas características lo emparientan con otro tipo, que veremos enseguida: el bebedor de **etiqueta**.

En un bar, el **amarrete** entra y le dice al garzón.

—Buenos días, ¿me podría prestar el teléfono y el baño?

## EL BEBEDOR DE ETIQUETA
El pobrecito deslumbrado

*Chile es una larga*
*y angosta faja de siúticos.*

Joaquín Edwards Bello

Si bien es aquel tipo de persona que se deja llevar por las etiquetas de una botella, debemos reconocer el mérito de que al menos se percata de que el conocimiento etílico es fundamental en la sociedad.

Claro, el **etiqueta** no lo posee, pero en toda circunstancia intenta aparentar una solvencia prestada, robada, más bien. Mientras otros quieren deslumbrar con citas literarias o científicas, o al menos con datos sueltos propios de la cultura *Discovery channel*, el **etiqueta** opta por mirar la botella más cercana y enunciar en voz alta:

—¡Caramba! Es un *cabernet* de tres medallas, por eso capté ese tanino tan particular de la cepa *cabernet*.

Con tal comentario pretende atraer la atención de la mesa, ignorando el pobre que ha paladeado *el vino de la casa*. Y que el vino de la casa es una cosa indefinible cuyas fronteras se ubican entre el vinagre y la ambrosía, y que *cada casa* lo mete en cualquier botella disponible, no importa si fue de vino, coñac o pisco.

El **etiqueta** confía tanto en el dogma de las etiquetas, que si le sirviesen un *pinot* en botella de pisco comentaría que "está bien bueno este Limarí, aunque un poquito turbio".

Si al **etiqueta** le ponen un poco de lejía con jugo en polvo en una botella que diga algo así como *reputísima reserva de las reservas*, él no dudaría en calificar al mosto como "frutoso, pero algo seco, debe ser el año de cosecha".

El **etiqueta** no sabe, pero le agradaría saber. En los supermercados se deja llevar por la pompa publicitaria de las etiquetas, cae fácilmente ante las frases que señalan *antiguas reservas* o *very, very old whisky*. En el fondo, es un buen comprador de leseras, y en su casa las paladea y disfruta como si estuviese bebiendo un mosto de la cava de Carlos Cardoen en sus dominios de Santa Cruz.

El **etiqueta** suele ser ejecutivo joven, locutor de radio, deportista o diputado por un distrito de provincia, del tipo ecologista e indigenista verde (que es lo peor).

Aquí es necesaria una aclaración: todo buen **amarrete** es a la vez un **etiqueta**, pero no todo **etiqueta** es necesariamente un **amarrete**. ¿Se entiende el juego de palabras?

El **amarrete** es vil, mientras que el **etiqueta** es apenas ingenuo.

El **etiqueta** es un símbolo de los tiempos modernos, epítome de la moda de los sabedores de vinos, tema que desarrollo en extenso en el capítulo 5, *Del bigoteado al gran reserva*. En un bar, el **etiqueta** entra, busca una mesa y le dice al garzón:

—Buenas tardes, me vendría bien una copa de *pinot*, pero que sea de Johnnie Walker.

### El bebedor bolsero
La vida a machetazos

> *Nunca tantos*
> *habían bebido tanto*
> *con tan poco.*
>
> Winston Churchill

He aquí el peor de todos, el rey de los tiburones, la marabunta de los bolsillos ajenos. Como un acto de solidaridad ciudadana, urge identificar y marcar a todo **bolsero**, ojalá con una cruz en la frente o con un perfume venenoso que acuse a lo lejos su presencia.

El **bolsero** es la prueba fehaciente de que la justicia no existe y de que los legisladores marchan a paso de cuncuna desde Valparaíso a Santiago. Si ya nos encontramos en el nuevo milenio, no es posible que los bolseros circulen libremente por las calles, y que más encima tengan derechos civiles, previsión social y carné de manejar. Son los vicios de las democracias liberales.

Tan evidente como su nombre, el **bolsero** baraja sus cartas de manera que nunca le falte un incauto para agarrarse y beber a su costa. Es del tipo de sujeto que, si es invitado a una mesa, a cada rato levanta la mano a fin de llamar al garzón y solicitar una y otra vez su servicio. El

**bolsero** pasa por encima del código básico, de la Primera Enmienda en las artes de la bebida, esa que indica que si uno ordena una nueva botella de *merlot* u otra corrida de cervezas, significa que es uno quien la pagará. El reverenciado y noble acto de alzar la mano para proveer de bebestible a los contertulios, se reduce a la nada, queda convertido en el mejor de los artilugios para el **bolsero**.

El **bolsero** es sagaz, casi un estratega de la gratuidad. Suele encontrarse convertido en periodista o fotógrafo de prensa, también camarógrafo de las estaciones televisoras de provincia. La historia consigna famosos alcaldes y concejales que corresponden al perfil del **bolsero**, aunque la definición más precisa se acomoda a la personalidad de un dirigente sindical o gremial, o un funcionario de ONG.

En un bar, el **bolsero** entra, busca una mesa y le dice al garzón:

—Buenas tardes, voy a esperar a un amigo, ¿me traería un vasito de agua, mientras?

Los ataques de los bolseros son fulminantes.

### El bebedor medicinal
*Salutis devotus*

*El mojito no es para mí,*
*es para el catarro.*
Ernest Hemingway

*Las autoridades médicas más prestigiosas*
*me han indicado que a mi edad*
*es mejor no tratar de abandonar el alcohol.*
W.C. Fields

Si se sabe que en la selva del Amazonas es posible hallar una hierba para curar cada padecimiento del hombre, el **medicinal** es un convencido de que esa misma regla se aplica a los vinos y licores, y que en ellos se encuentra la salvación del hombre, ¡aleyuya! Su discurso es similar al de un médico espontáneo (si hubiera uno), porque si un interlocutor manifiesta una molestia corpórea, el **medicinal** enseguida querrá despacharle una receta.

—¿Te duelen los oídos? Pero, mi viejo, eso se arregla con un vaso de agua tónica mezclado con un cortito de amargo. Es infalible.

El lenguaje del **medicinal** es una majamama de mitos antiguos y datos científicos, con los que anda por la vida pregonando su verdad. Una filosofía mucho más compleja que asegurar que el vino tinto es beneficioso para el sistema circulatorio, por ejemplo, o que un cortito de aguardiente compone la baja presión sanguínea. No, el **medicinal** va harto más allá, y le atribuye a la bebida poderes curativos que incluso alcanzan los potreros del alma.

—¿Estás angustiado? ¿Te derrumbas por la ausencia de ella? Pero, mi viejo, eso se arregla con unos cortitos de vodka, servidos en vasos grandes, con dos hielos y una rodaja de limón. Es infalible.

Demás está aclarar que todos envidiamos su fe.

El **medicinal** es, por consiguiente, un sabedor de vinos y tragos, conoce mezclas, cepas, fechas, denominaciones de origen, en fin. Es un sujeto preparado, y así debe ser, pues le urge convertir su cabeza en una máquina recetadora, para lo que sea.

—¿No te llegó el cheque de devolución de impuestos? Pero, mi viejo, eso se arregla con un buen *cabernet sauvignon* en su temperatura justa. Es infalible.

Suelen ser propietarios de restaurantes o técnicos agrícolas emplazados en las regiones del sur de Chile, y en la convivencia campesina agregan valiosos datos a su vademécum del alcohol.

—¿Resultó que ella era una bruja loca? Pero, amigo mío, eso se compone con un litro de whisky y dos rodajas de naranja, porque la naranja corta bien el whisky.

De acuerdo al **medicinal**, hasta las inconveniencias provocadas por el alcohol, o por seguir una de sus recetas, se superan con el mismo expediente.

—¿Te sientes mal por la resaca de anoche? Pero, mi viejo, eso se arregla con un guaracazo de anís, y listo. Es infalible.

La convicción del **medicinal** es religiosa, y se reduce a un único mandamiento, repetido de vez en cuando: "la vida se lleva mejor con una botella cerca". Recuerdo aquí esos versos inmortales de Francisco de Quevedo, con los que se ilustra la estirpe de todo hombre medicinal:

*No hay cuestión ni pesadumbre*
*que sepa amigo nadar;*
*todas se ahogan en vino,*
*todas se atascan en pan.*

Tan sólo por eso, debería existir un Monumento al **Medicinal** Desconocido en cada plaza pública de este país. Ya lo sabe, señora alcaldesa.

En un bar, el **medicinal** entra, busca una mesa y le dice al garzón:

—Buenas tardes, ¿le cuento cómo se consiguen las mejores propinas? Pues, sirviéndole al cliente un generoso jerez Tío Pepe, por favor.

### El bebedor latero
*Laterio onis*

*El problema es que vos*
*no sos abierta al monólogo.*
Susanita, amiga de Mafalda

Es el tipo de chileno que no conversa, habla. Es decir, no dialoga, monologa. Aun sin bebida el **latero** es un hablador insoportable, con su lengua de metralleta fulmina la paciencia de los interlocutores. Y una vez que ha bebido algo de vino, es peor: la boca se le agranda y de ella escapan las palabras en bandadas incontenibles.

El **latero** esconde rasgos de timidez y baja autoestima, por eso habla sin pausa y de lo que sea, como si quisiera consolidar su presencia en el grupo social. Más encima, el **latero** es repetitivo, maneja un reducido número de historias, y con ellas siempre ataca. Ni siquiera es capaz de crear variantes o de relatarlas en un orden distinto. El axioma es simple: mientras más bebe, el **latero** es más latero. Y cuando monologa, el **latero** no mira a los ojos de nadie, porque no importa quién esté presente, hasta podría sentarse en una mesa con gente absolutamente ajena e igual ejecutar su acto. Su empresa no es que alguien lo escuche, sino hablar.

El **latero** precisa de una cualidad física natural: un buen vozarrón para imponer su monotema por encima de los intentos de intervención de los demás, con mayor razón en locales donde la música está puesta al máximo. Hay **lateros** en todos los segmentos de la sociedad, desde comunicadores sociales hasta abogados o arquitectos jóvenes.

Se recomienda huir de ellos en los cócteles, no sólo para evitar el aburrimiento, sino también porque el fuerte timbre de su voz latera espanta a los garzones y a las reinas de belleza.

En los bares, un buen truco para huir de ellos es beber de pie, sin ocupar una mesa, ni siquiera un banco en la barra. Al no poseer ancla, podemos escabullirnos de esta especie tan sólo diciendo "con permiso", y adiós.

Un subtipo del **latero** es el **single**, aquel bebedor que no dispone de amigos o conocidos para ejercer sus latas, por lo que recurre a los oídos del barman. Casi como un acto de seducción, el **single** atrapa con cautela la atención de quien prepara los tragos, primero con un comentario casual, inocente.

—Está un poquito helado, amigo —le tira el anzuelo al barman, incluso con un gesto desganado, como si no tuviese intención de hablar más.

Si el barman responde, se condena ahí mismo, y tendrá al **single** durante toda la noche contando sus historias interminables en donde él siempre es el amante despechado, el académico incomprendido, el genio de los negocios o el más preclaro analista político.

En un bar, el **latero** entra, busca una mesa y le dice al garzón:

—Buenas tardes, sabe que venía pasando por aquí y me di cuenta de que hacía mucho tiempo no me tomaba un trago en este local, ¿aún es del mismo dueño, un tal Juan Saavedra? Ojalá no haya cambiado de manos, porque el viejo Juan, como le decíamos, era re buena persona. Recuerdo que en el año 88, por la época del plebiscito, nos juntábamos en esa mesa para puro pelar a los políticos y a los milicos, todos iguales, sabes, eso le decía yo, y él me encontraba toda la razón porque venía de vuelta del exilio, pucha's que sufrió la gente exiliada, aunque dicen que algunos se mandaron unos exilios dorados y que en los países donde estuvieron hasta les proveían de minas, socio, usted sabe, carne blanca, nórdica, se imagina a un cholito chileno agarrando rubias de piernas largas y calzones de lujo. Luego volvieron a ocupar cargos falsos en el gobierno o en la universidad, y ahí usted los tiene, llenitos los haraganes...

### El bebedor ignaro

*No es lo mismo estar bebido, que estar bebiendo.*
*Como no es lo mismo estar jodido, que estar jodiendo.*
Camilo José Cela

Cuidado, el chileno **ignaro** no es aquel tipo de borracho que no sabe tomar. Parecido. Tal como quien se come las empanadas fritas con azúcar —¡agh!—, el **ignaro** es de los que bebe un vaso de tinto con soda y dos cubitos de hielo, sin que necesariamente sea un ciudadano argentino, país en donde suelen nacer los ignaros.

El **ignaro** es un animal de mezclas y herejías contra el alcohol, un auténtico troglodita que le echa Fanta a la cerveza, Coca Cola al whisky y sacarina al tequila.

El **ignaro** se deslumbra con esos tragos tropicales con hartas sombrillas de papel, muchos colores y sus buenos marrasquinos ensartados en palitos. Pero, claro, nunca sabe qué está bebiendo, y no le interesa.

A diferencia del **etiqueta**, el punto favorable del **ignaro** es que se trata de un tipo auténtico, no presume de falsos conocimientos ni fanfarronea con el trago para conquistar amistades o amores.

El **ignaro** simplemente es.

En un bar, el **ignaro** entra, busca una mesa y le dice al garzón:

—Buenas tardes, ¿me podría traer un pisco *sour*, con harta pimienta y sal?

### El bebedor especializado

*Boris Yeltsin veía dos Rusias.*
*Una Rusia capitalista y una Rusia socialista.*
*Claro que cuando estaba sobrio veía sólo una.*

Vladimir Putin

Nada, ninguna oferta puede cambiar de parecer al **especializado**, quien desde niño adquirió la costumbre de beber un único tipo de bebida, y sin posibilidad de cambio.

El **especializado** en cerveza, por ejemplo, la bebe en la comida, en los asados y en el brindis de cumpleaños, en casamientos o en la noche de año nuevo. No existe suficiente estímulo económico o etílico que le provoque dudas, ni tampoco es posible desafiarlo a pelear fuera de su terreno.

Por la fidelidad extrema a un tipo de bebida, el **especializado** a veces pasa por inculto o por bebedor **ignaro**. Mentira más grande, pues, por el contrario, suelen ser sujetos eruditos, a veces escritores con talento o maestros de Filosofía.

En el **especializado** concurren muchas falacias, mientras asemeja a un débil **tiro corto**, en verdad es un buen bebedor, un deportista de la botella en carrera de fondo, siempre y cuando no intenten cambiarlo de carril, pues ahí enseguida abandona la competencia.

El **especializado** es de los que no piensan dos veces las respuestas a preguntas re tontas como "¿cuál libro te llevarías a una isla desierta?". O, una peor, "¿con cuál tipo de bebida te quedarías en la misma isla desierta?"

Si es capaz de mantener tal convicción en su lealtad, el **especializado** es una persona confiable, como para prestarle la casa o el auto, aunque nunca tan confiable como para solicitarle que te cuide la novia.

El **especializado** es fundamentalista, es el brazo armado del partido de los bebedores, si hubiese uno.

En un bar, el **especializado** entra, se ubica en la barra y le dice al barman:

—Buenas tardes, lo de siempre, por favor.

### El bebedor eufórico

*Y nos detenemos en México,*
*donde tomamos sin exagerar,*
*sólo hasta caernos.*
Facundo Cabral

*Disculpa, amigo Tito.*
Luis López-Aliaga

Advertencia: en principio no es una buena compañía para irse de copas, salvo que se trate de un amigo cercano. El **eufórico** sufre una transformación terrible cuando pasa el umbral de resistencia. Si antes fue un sujeto dócil y simpaticón, se transforma en un animal desagradable, agresivo y feo, muy feo. El **eufórico** es de los que golpea la mesa o grita sin motivo, hasta que el garzón se vea obligado a pedirle el retiro voluntario, antes de retirarlo por la fuerza, cosa que también ocurre. Ya lo dice Bart Simpson: *Cuando sea grande quiero ser sacador de borrachos.* Son dos personas a la vez, una muy deseable y la otra despreciable, salvo que se trate de un amigo cercano, insisto. Lo malo es que el **eufórico** pasa inadvertido cuando sobrio, nadie podría saber de su euforia latente, no carga señales ni luces, hasta cuando es demasiado tarde y uno debe pagar las copas rotas y los malos ratos.

El **eufórico**, en el fondo, es un bebedor **lúcido** abrumado por su lucidez, sabe de antemano que después del cuarto Bacardi comienza la transformación monstruosa que lo llevará a decir lo que nunca debió haber dicho, a ofrecer puñetes y chuletas a discreción, o a agarrarle el culo a nuestra novia en el día en que se la presentamos.

El euforismo es un estado transitorio, pues todo **eufórico** culmina siendo un bebedor **ermitaño** de principios intransables, y mientras va para allá no elude sus excesos, reconoce perfectamente las consecuencias de sus actos desmedidos y, sospecho, le importan una hueva.

El **eufórico** es un hombre solo, pero nada más ajeno a su ser que buscar nuevas seudo amistades para beber acompañado. Nunca, no se trata de un **latero**. Prefiere hostigar a los pocos y buenos amigos porque confía en que, si realmente lo son, entenderán el sentido preciso de sus excesos, de sus ofensas. Y si no entienden, mala señal, hasta luego. La ley del **eufórico** sentencia que sobrevivirán sólo los más capacitados para adaptarse a sus arrebatos de bulto *rompetodo* en que se transforma luego del Bacardi. En el fondo, el **eufórico** profesa el darwinismo social: sobreviven los más fieles.

Aunque es una mala publicidad para los bebedores buenos y sanos, para los señores y señoras gentiles cuya amabilidad aumenta en la carambola de cada copa, el **eufórico** —seamos imparciales— cuando se encuentra a gusto en su casa, escuchando música con uno o dos de aquellos amigos sobrevivientes, es un ser agradable, cuyo único problema podría hallarse en la manía de recitar a toda voz y de memoria poemas de Hölderlin, Keats, Novalis o Leopardi. Es decir, un montón de gallos que nadie conoce.

El **eufórico** es, de algún modo, una especie de poeta bárico, epicúreo de sangre, nostálgico de los lugares perdidos, añorador perpetuo de los tiempos en que se podía beber, cantar, bailar con putas, gritar, comer con las manos, pelear y reconciliarse, sin sentir el desprecio de tanto borracho civilizado y deportivo. Qué tal.

No hay cómo reconocer a un **eufórico** antes del clímax propiamente tal. No los distingue ni el color del rostro ni la manera descuidada con que van embriagándose, ninguna señal clara. Manejo una lista de nombres, pero no sería ético señalarlos aquí, me pueden consultar por mail.

En un bar, el **eufórico** entra, busca una mesa y le dice al garzón:

—Sabe, ¿podría colocar en el Kioto este casete de Los Ángeles Negros? Y me trae un Bacardi blanco, con una medalla de limón, por favor.

### El bebedor locuaz-ladilla

Aquí concurren dos seres ocupando un mismo cuerpo, sin que uno reconozca la presencia del otro, pues ambos se niegan y reniegan. El primer señor es un amable sobrio, el bonachón simpático que nos engaña con su sonrisa y nos conduce a la trampa de beber con él, y felices, si todo hasta ahí es alegría. Craso error, porque pasado su umbral nos encontramos con el **locuaz-ladilla**, una especie de peleador callejero que nos derrumba limpiamente, y no a puñetazos, lo que sería permisible, sino por medio de una verborrea en la que nos adjudica las culpas y los males del mundo, enumerados y confundidos en uno solo, por lo demás fuera de nuestra comprensión.

Los argumentos del **locuaz-ladilla** no aceptan réplicas, son infranqueables para cualquier mente sencilla y humilde. El **locuaz-ladilla** es un fanático shiita de su fe de **locuaz-ladilla**, imposible de convencer, o siquiera de acallar con las más sólidas pruebas de que la verdad no posee dueño. Por el contrario, es innegociable: el **locuaz-ladilla** se siente un administrador único de la verdad. O sea, huevón porfiado.

No se trata de un bebedor **eufórico**, del cual es pariente muy lejano, pues no patalea ni rompe sillas o mesas. Es más bien un monstruo esperando la copa extra, el detonante mínimo para transformarse y abrumarnos con sus convicciones de **locuaz-ladilla**, y con el agravante de su facilidad de palabra.

## El bebedor parrillero
*Barbacoa barbacoa sp*

> *Se aprende a ser cocinero,*
> *pero asador, se nace.*

Viejo refrán de las tierras castellanas

> *Me parece un bonito lugar*
> *para un asado.*

Pablo Neruda, cuando conoció Macchu Picchu

> *Yo también soy partidario*
> *de salvar a las ballenas.*
> *Y guardarlas, para la siguiente parrilla.*

Ximena Bertin

Demasiado eponímico, y cualquier explicación sería redundante, pero igual. El bebedor **parrillero** es aquel cuya alma se ha fundido en los hierros de una buena parrilla, sobre el calor de las brasas de ulmo, entre la humareda de las verdes hojas de aromos y eucaliptos. Su número es escaso, jamás se juntan en manadas ni portan banderines o piochas distintivas.

Beben, pero sólo beben alrededor de una parrilla encendida. Son personas simples, despreocupadas de las ceremonias y la falsa complejidad de las cosas. Otros bebedores suelen anunciar:

—Vamos a echar a andar el asado —y, acto seguido, se complican en exceso, se preparan como si fuesen a conquistar Troya, agarran cera y parafina, miden la velocidad del viento, aceitan los fuelles, consultan el pronóstico meteorológico, amarran Pilatos, y se encomiendan a los dioses.

Toda la técnica errada.

El bebedor **parrillero**, en cambio, mira la parrilla, la conoce, sabe de sus formas, de los espacios en los cuales se mueve. Y como si estuviese determinado por la historia, enciende el fuego sin aspavientos, apenas con un cucurucho de papel de diario al centro de los carbones, y listo. Basta un fósforo, un sólo fósforo lanzado en el cráter de papel, y el bebedor **parrillero** se da vuelta, da la espalda a la parrilla como si no tuviese interés. No es necesario mirar más. Insisto en el único fósforo, sin posibilidad de equivocarse, como el personaje de Robert de Niro en "El francotirador", que salía a cazar venados con una sola bala para su fusil, sin opción de repechaje.

Cuando el fuego se ha encendido, los parrilleros empiezan a delimitar su área de acción —depende de la presa— sin barullo, pues los comensales no se pueden percatar de lo que ocurre, nadie queda pasado a carbón quemado. Quienes comerán de esa parrilla rondan con una copa de vino y se sienten atraídos por el fuego, como en los tiempos ancestrales, como cuando éramos peludos y vivíamos en Neandertal.

La táctica del bebedor **parrillero** es no preguntar ni comentar, sino en el momento preciso enunciar las únicas dos preguntas válidas:

—¿Están aliñadas las ensaladas? ¿Y la fuente para recoger las carnes?

Listo. El **parrillero** espera recibir un buen y merecido elogio, aunque no se escuche, porque el silencio total se entiende como elogio.

Nada más estéril que conversaciones entre distintos bebedores **parrilleros**, porque no se llega a ninguna conclusión. Cada uno maneja su técnica, esto es como el sexo, cada quien es cada cual. La constante es que, por parte baja, todos le echan sal a la carne, y paremos de contar.

Consejo sano: quien toma el trinche es el amo de la parrilla. Apelemos a otro refrán tradicional:

*Los mirones son de palo.*

Dicho de manera más compleja, y apelando al *Contrato Social*, de Rousseau: si un sujeto está a cargo de la parrilla, es que se le ha delegado una responsabilidad, y no es menester la intromisión de ningún otro ciudadano. Como retribución a su buen gobierno, el bebedor **parrillero** sólo encomienda al resto del espectro social —clero, Estado llano, y perraje en general— que mantenga siempre cargada su copa de tintolio.

Recordemos la tesis de la inmortalidad de la parrilla: cuando ha sido encendida, no muere. Se desprende que es un ente autónomo una vez que se ha tirado el fósforo solitario y primigenio. Tan gentil, tan noble y generosa como para poder absorber, atraer, aguantar, decantar, acoger, calamares en aceite de oliva con una pizca de perejil, vasijas de greda con verduras en pastel, aletas de tiburón maceradas en vino blanco, filetes de jirafa al romero, y las agradecidas machas de Quidico en sus conchas, con crema, queso, sal y unos toques de pimienta.

La parrilla del buen bebedor **parrillero** aguanta todo. Y el rezo del **parrillero** se arrastra desde los tiempos en que el mono pasó a ser hombre y, de repente, dominó el fuego: *es un día tan bello que parece que nadie tuviese la culpa de nada.*

Aparte de esa felicidad momentánea, el noble **parrillero** trasciende en el tiempo. Su vida no posee horario, y sin problema puede echar a las brasas tanto una gacela a las ocho de la mañana como un oso panda a media tarde, cuando se revierte la tendencia del hambre en los comensales.

Jugando de visita, en parrilla ajena, al ver cómo se la ha dispuesto, el héroe **parrillero** deduce quién se halla detrás, qué tan calificada es la mano que ha encendido el fuego. No obstante su legítima soberbia, el **parrillero**, como caballero que es, sabe reconocer a un par, y cuando se encuentra con la parrilla de un congénere, simplemente calla, y disfruta.

Demás está decir que, lamentablemente, el mundo se encuentra lleno de bebedores **parrilleros** aficionados, esos que usan uniformes ridículos con inscripciones en el delantal y gorros de un carnaval gay en Louisiana.

En un bar, el bebedor **parrillero** entra y le pregunta al garzón:

—Buenas tardes, me dijeron que aquí, en este club social, cuentan con un bonito patio a la sombra de los parrones. ¿Puede consultarle al dueño si me permitiría encender fuego para una parrilla? Yo pongo el carbón y el vino, y le encargo unas ensaladas de tomate y cebolla.

### El bebedor cantarín

*Lo lamento por la gente que no bebe.*
*Se levantan por la mañana*
*y ya saben que no van a sentirse*
*mejor en todo el día.*

Dean Martin, cantante

El bebedor **cantarín** mezcla su tranca con la música y necesita traer a colación su bagaje histórico cancioneril. Como si fuera un viejo artista de la nueva ola, le urge ser escuchado cantar, tararear, o tocar la guitarra, si la ocasión lo amerita. Por eso, el chileno **cantarín** se cría en manadas, precisa de una tropa que vibre con sus mismas ondas, especialmente cuando, debido a las excesivas libaciones, acomete con sones dignos de un machitún, o de un rito maorí. Se les puede encontrar con mayor facilidad en schoperías de universitarios y en bares con música en vivo.

Los bebedores **cantarines** se subdividen, a su vez, en **cantarines sentados** y **parados**. Los primeros son inofensivos, casi siempre pertenecen a alguna carrera universitaria alejada del arte, como ingeniería, o ALEJADA DEL DINERO, COMO PERIODISMO. Se despliegan en cualquier bar, y cuando los temas de conversación están agotados, no falta el **cantarín** de la esquina que comienza a tararear una canción de la infancia. Luego se le suma otro, y otro, y así hasta conformar el *chorus alcoholicus*.

La espiral inducida por el **cantarín sentado** se guía de acuerdo a un retro esquema minuciosamente estudiado: primero canciones de los ochenta (Pink Floyd, Soda Stereo), luego de los setenta (Sui Generis, Gatti), y de los sesenta (Los Iracundos, Quilapallún, Víctor Jara). El final es clásico: siempre termina con una corrida de tangos, boleros, zambas y cumbias.

Los **cantarines sentados** son tranquilos, y lo único que provocan es que la clientela del bar se vaya a buscar lugares menos ruidosos.

En un bar, un **cantarín sentado** entra y pregunta al garzón:

—Buenas noches, ¿en este local ponen música ambiental?

Los **cantarines parados** son más peligrosos, no tanto por una violencia explícita, sino porque enturbian cualquier acto de buena música. Al revés de los **sentados**, los **parados** se van quedando solos, son evitados por lateros o monotemáticos.

El principal problema de los **parados** es que no hay quién los lleve entrar en razón, ni convencerlos de que no cantan bien, tranquilamente hay que arrellenarse en una esquina y esperar el instante en que la memoria del **cantarín sentado** de turno empiece a fallarle. Ahí es cuando atacan los **parados**, que compensan la mala voz con una buena memoria de las letras. Casi siempre tocan una de estas cuatro canciones: "Smoke in the water" (Deep Purple), "Wish you were here" (Pink Floyd), "Rasguña las piedras" (Sui Generis), o "Los momentos" (Los Blops).

Estos mismos bacalaos son los infaltables miembros del público cuando una banda famosa toca en un local pequeño. Se pasean por detrás de las filas de auditores cantando a viva voz y con una botella en la mano. Son activos, movedizos, y lo único que nos salva de ellos es que siempre hay alguien al que no le gustan sus paseítos y los sacan a patadas a la calle. Allí limpian sus ropas y se levantan ufanos, por lo menos causaron alguna controversia, como sus héroes de video clip.

En un bar, un bebedor **cantarín parado** entra y pregunta al garzón:

—Buenas noches, ¿no quiere que toque algo para pagar las cervezas?

## El bebedor pálido

*Yo no sé, yo no sé*
*lo que me pasa,*
*pensarán, pensarán*
*que estoy borracho,*
*y ha de ser debilidad.*
Los Chalchaleros, "Entre San Juan y Mendoza"

Más que nada, se trata de un chileno envalentonado, o alguien que calcula mal al pensar que si el primer pencazo no lo volteó ningún otro podrá derribarlo. El **pálido** bebe sin mesura, ostenta y fanfarronea con cada vaso que le ponen por delante, se ríe como bufón pagado y, esto es lo peor, se cree un inmortal. Error elefantiásico.

El **pálido** no cumple una de las primeras enmiendas de los buenos bebedores: no tiene conciencia de su ser, y bebe nomás, vayan poniéndole. Pero la bebida es una deidad que exige sacrificios y cancelación de mandas, nada es gratis en su universo, y a la larga cobra todo lo que ha dado, sorbo a sorbo.

En un minuto preciso, al **pálido** se le acaba la algarabía y se derrumba, o algo parecido. En verdad le viene una instantánea embriaguez que incluso le impide caerse al suelo, por lo que se queda tieso en un precario equilibrio sobre su aposento. Es tal el guaracazo que ni alcanza a cerrar sus ojos, y permanece como una momia de Sipán, mirando al espacio exterior, indiferente al frío, la conversación y la gravedad del planeta.

Un, dos, tres, momia.

—Le vino la pálida —se dice de él, apelando al semblante de muerto, y de ahí surge el apodo.

El bebedor **pálido** no recuerda en qué bar estuvo la noche pasada.

### El bebedor ermitaño

*Nunca bebo agua, a causa de las cosillas
repugnantes que los peces hacen en ella.*
W.C. Fields

En muy pocas oportunidades podrán ver al **ermitaño** fuera de su casa, pues las circunstancias de la vida lo han llevado a transformarse en un bebedor solitario dentro de los dominios de sus cinco paredes.

Y allí, subiendo y bajando copas, crea una sólida filosofía para sustentar su determinación, una especie de credo autoimpuesto, pregonado ante cualquiera que se encuentre en el camino. De acuerdo al **ermitaño**, entonces, su casa es el mejor bar de la ciudad, sin posibilidad de comparar o discutir.

En el bar de su hogar, argumenta, no hay que soportar borrachos cargantes en las mesas vecinas, ni música retumbando desde cada pared, ni la llegada de impertinentes a sentarse junto a uno aduciendo que te conocen y son amigos. Es un bar muy barato y surtido, además se puede masticar algo sencillo si se calcula que la jornada se estirará en demasía, y la comida saldrá aún menos onerosa. En el mejor bar de la ciudad se encuentra lo que cualquiera desee encontrar, sólo hay que pedirlo.

El **ermitaño** no sale de su propio bar, le incomoda el perraje en las calles y toda la taxonomía de los demás borrachos en los bares y cantinas. Es un sujeto clasista, racista y elitista —¡aquí me inscribo, señores!— por lo que raramente invitará a alguien a beber de lo suyo, salvo cuando intenta buscar una compañía que le derribe el panderete de su soledad asumida.

Con tanto tiempo girando y bebiendo sobre sí mismo, el **ermitaño** se transforma en cosista, es decir, colecciona cualquier tipo de objetos, desde monedas hasta claraboyas, desde soldaditos de plomo hasta botellas ámbar de remedios antiguos. Por esto, su bar propio es a la vez un museo personal de chucherías y cachureos, los que limpia y alinea sobre los estantes con la esperanza de, en algún minuto, deslumbrar con su paciencia y meticulosidad a la persona que ha estado esperando toda la vida y que, por cierto, no va a llegar.

En un bar, el **ermitaño** es una estampa desconocida.

## El bebedor rendidor

*Apúrate con la piscola,*
*o te meo.*

Marcelo Ríos

Una sola razón motiva a beber al chileno **rendidor**: embriagarse rápido y al menor costo. Para ello, recurre a mezclas fulminantes a fin de que optimicen sus recursos económicos y lo lleven con premura desde la lucidez a la nebulosa de la ebriedad. Ni siquiera disfruta el trago, no es su objetivo, tampoco es un conocedor de buenos vinos o cervezas magallánicas, por ejemplo, al **rendidor** no le va ni le viene, ni le suma ni le resta.

El **rendidor** es un alquimista del ahorro, conoce dónde comprar la grapa perfecta para combinar con pipeño y cerveza Escudo, con lo que obtiene una poción tan refrescante como asesina. Es su trago favorito: barato y abundante. No pide más.

No es un **bolsero**, pues sólo involucra sus propios recursos en una tarea personal poco entendible para los demás.

El **rendidor** desea pasar inadvertido, aunque podríamos creer que su meta es que la vida le pase inadvertida y no le duela, ya que su estado ideal es el sueño de la embriaguez, hasta el otro día, cuando sea hora de volver a mezclar el resto de grapa de Quillón con lo que sea.

En un bar, el **rendidor** entra, busca un sitio en la barra y le dice al barman:

—Buenas tardes, quisiera el bajativo de la casa, pero en una jarra cervecera, por favor.

## El bebedor temerario

*Hay que aprovechar las últimas*
*botellas que van quedando*
*dijo y se rió el bribón*
*que el día menos pensado*
*a una vuelta del cerro*
*la flaca nos echa el lazo.*

Nicanor Parra, "La cueca larga"

*Cien diablos me salten en el cuerpo*
*si no hay más borrachos*
*viejos que médicos viejos.*

François Rabelais, *Gargantúa y Pantagruel*

Es probable que en algún momento de la existencia todos nos transformemos en **temerarios**, para allá vamos, en el minuto en que un médico entrometido nos intente prohibir lo que no se prohíbe. Allí surge el **temerario**. Si se le ha dicho que debe bajar a menos de una copa de vino su consumo diario de alcohol, entonces le da por beber más de una o dos botellas diarias, y no por llevar la contra como un niño porfiado, sino porque —a esas alturas de la contienda— sería una deslealtad mayor abandonar al más fiel de todos los amigos.

El **temerario** es amenazado de muerte con insistencia por parte de un familiar cercano, por lo general una esposa Tremebunda, y se le urge dejar al menos el whisky, porque el licor amarillo es vaso dilatador, le dicen, y patea fuerte el corazón, le dicen. El **temerario** escucha y asiente, sí, sí a todo, y deja el whisky. Bueno, lo deja para más tarde, para beberlo con sus amigos en el bar del Centro Español, con la convicción de que lo único que dilata el whisky es la vida misma.

El **temerario** es un jubilado del bebestible, un viejo lobo de mar, un héroe de mil batallas cuyo único deseo final es que nadie lo moleste, que nadie lo friegue ni lo persiga ni intente asustarlo con infiernos sin relevancia. Por eso le agrada tanto pedir el último, sabiendo que el último no existe.

Como un modo de burlarse de la dictadura que lo agobia, la mejor rutina del **temerario** es cuando al día siguiente dice:

—¡No me diga nada! En mi casa están todos con bronquitis.

—¿Acaso se enfermaron? —es lo que se pregunta para darle el pie.

—No, están todos con bronquitis por la tremenda bronca que me tienen por haber llegado como llegué anoche.

El **temerario** maneja bien los hilos de la comedia.

En un bar, el **temerario** entra y tarda en buscar una mesa, porque antes saluda de la mano, y por sus nombres completos, al barman y a cada uno de los garzones.

### El bebedor estoico

Señoras y señores, el bebedor **estoico** es el que bebe a como dé lugar, no importa el sacrificio ni los infortunios que haya que sufrir en pos de una buena botella de *pinot*. El **estoico** es de los que dicen sí a todo con tal de agarrar un vasito, una copita de algo. Por eso, se le ve matriculado en los cócteles más despreciables y hasta es capaz de conversar con regionalistas, abogados, ecologistas y revolucionarios, apenas por un pisco *sour* envasado o —a lo más— una copa de vino y una empanada de queso muy fría.

Atención, no confunda al **estoico** con el **bolsero**, no es lo mismo. El segundo es un esquilmador de bolsillos ajenos, mientras que el primero es un penitente convencido de que para beber, antes hay que sufrir. Quién sabe, el **estoico** podría ser el bebedor más sabio.

En un bar, el **estoico** entra, saluda al garzón y le dice:
—Aguardiente de la casa, por favor.

### El bebedor calentón

*Alcohólica es la persona*
*que te cae antipática y bebe más que tú.*
Dylan Thomas

Aun cuando se sospecha que el alcohol es un atenuador de los apetitos sexuales, existe un tipo de bebedor que se ufana de lo contrario. Para el chileno **calentón**, beber unas copas no es más que el preámbulo para salir de cacería y, con la libido enhiesta, transformarse en una especie de empleado público recién pagado un día viernes. Esto último es su mejor definición.

De la timidez de su mediocridad, el **calentón** surge como un tipo canchero que habla en voz alta, tutea a destajo, exhibe las llaves de su automóvil como un malabarista y busca, busca.

—Hola, ¿anda solita? —es su gran recurso de conquistador.

Demás está decir que no encuentra lo que busca, gratis no, y se ve obligado a enfilar por otros rumbos, con sus demás colegas **calentones**, y pagar por lo que no pudo conseguir con su rutina de dos centavos. O sea, casa de tolerancia o de mal vivir.

El **calentón** es burdo por naturaleza, es de los que bebe leseras de tragos picantes y rebuscados, como Tom Collins, Laguna Azul o Piña Colada. Más encima, *se maneja* en esos nombres y comenta que en tal o cual bar de la calle Prat se prepara la mejor piscola del mundo. Y no le da vergüenza. De igual modo, es incapaz de saborear un buen vino o de discriminar entre un buen whisky y un whisky nacional, ese que no es tal.

En un bar, el **calentón** entra, chasquea los dedos y le dice al garzón:

—Socio, muévete un Cuba Libre, con harto hielo, y algo para picar.

## El bebedor agazapado

*Todo hombre debe creer en algo.*
*Yo creo que me voy a tomar una cerveza.*
Jack, de la serie "Will and Grace"

Si una persona no bebe con regularidad, de ella no se puede afirmar *a priori* que sea enemiga del alcohol o, lo que sería peligroso, que se trate de un bebedor **seco**. Puede que estemos ante un **agazapado**, es decir, el tipo de sujetos que cuando es exigido, pues responde, y qué.

El chileno **agazapado** es modesto, no se ufana de conquistas ni de victorias en guerras pasadas, sólo se limita a sonreír cada vez que un fantoche le enrostra la falta de audacia con que parece comportarse ante una botella. No obstante, si el **agazapado** se ve inevitablemente matriculado en una refriega de copas y vasos, se yergue como un campeón en retiro aunque todavía en forma, voltea a sus adversarios con la misma sonrisa tímida y aún es capaz de solicitar, por favor, el bajativo de manzanilla de la casa.

El **agazapado** sorprende, y por su nobleza no se ve tentado a cobrar el crédito de su hazaña. Al día siguiente parece no recordar que fue él quien sepultó a los demás, los embarcó en taxi para la casa o los arrastró a viva fuerza, de a uno por uno. Cuando ha cumplido su presentación con éxito, el **agazapado** vuelve a esconderse en el anonimato, donde pertenece.

Por definición, el **agazapado** es un hombre culto, brillante y solitario. Es de los que sentencia que la soledad es una disciplina, y que cada cual en la vida arrastra su propio mal de amor.

En un bar, el **agazapado** entra, busca una mesa y le dice al garzón:

—Buenas noches, me prepara un pisco *sour*, por favor, pero suavecito.

### El bebedor zurdo

*¿Qué granuja despreciable*
*se ha atrevido a descorchar mi desayuno?*
W.C. Fields

Claro que es un decir: no es que beba con la mano izquierda, o que milite en el formol del Partido Comunista, lo que no sería pecado, sino que bebe al contrario de la situación propiamente tal, a contrapelo, diríamos. El **zurdo** bebe coñac ahumado cuando el menú es *hot dogs* y cervezas a discreción, y a la vez ruega por un Etiqueta Negra en momentos en que se están repartiendo las empanadas fritas, bien *caldúas* y rozagantes de cebolla.

Pero, bueno, el **zurdo** nos permite dudar, quién sabe, en una de esas andamos perdidos y es errado todo lo que creemos saber acerca de las afinidades de bebida y comestible. Estableciendo un paralelo, capaz que los daltónicos sean sujetos sanos y el resto del mundo padezca problemas de visión.

El **zurdo** bebe por contradicción, pero igual bebe, por eso se salva en este intento de catastro. Es capaz de ordenar un pisco *sour* en el avión, y no de los envasados, sino que solicita que *le preparen* un pisco *sour*, con limón de Pica, clara de huevo y Capel de 40 grados, al menos.

Como si fuese una comedia, el **zurdo** entra al Macdonall y, junto con una hamburguesa de doble queso y cebolla, pregunta si por favor le pueden servir un gin con gin, o un *bitter* a la francesa, más que sea. Siempre está confundido, siempre se ubica al otro lado de la razón.

El **zurdo** es un natural, fue un niño con talento que no contó con una guía para encauzarlo. Y se crió solito, esa es la razón de su izquierdismo sin vuelta. No tiene vuelta, pues si le celebramos su carácter folclórico, su desatino constante, de ninguna manera nos preocuparemos de aclararle que, por ejemplo, la manzanilla es una lesera que los sitios más picantes colocan como el gran bajativo de la casa y que, en realidad, la manzanilla es una pobre mezcla de... ¿acaso importa?

En un bar, el **zurdo** entra, se ubica en la barra y le dice al barman:

—Buenas tardes, me trae una Escudo bien chambreada, por favor.

### El bebedor aeróbico

*Prefiero el vodka, para que los abstemios impertinentes crean que estoy tomando agua.*
Alfredo Bryce Echenique

Al fin se destapa la fiesta, de pronto es valedero sacarse la chaqueta, subir a la mesa y ejercitar bonitos compases de gimnasia aeróbica, aunque no se escuche la música correcta, aunque a punta de patadas se volteen los vasos y botellas presentes.

El bebedor **aeróbico** es el perfecto reprimido que espera la excusa de la tomatina para lanzarse a la vida de una vez, para ser el que siempre quiso ser, algo muy distinto al sujeto o sujeta reprimidos en el bastión de la sobriedad. Para él, un par de tragos bien secos significan el pasaporte a la mejor vida, a aquella vida en la que todo se permite, cómo no: desde apelar a gruesos garabatos hasta declarar amores subterráneos por los siglos de los siglos.

Aquí la bebida se convierte en lo que es no más, una especie de salvoconducto para cruzar la frontera hacia otro país, hacia otro mundo. Con un par de copones de ron o dos cortos de tequila, de pronto no hay más penurias del alma, se curan las penas viejas y amargas y nos sometemos a la impresión de que nada duele, de que estar vivos es hasta placentero.

El chileno **aeróbico** es un ser inocentemente castigado por los espasmos de la rutina, y su único recurso para huir de lo que no se puede huir es empinarse unos guaripolazos de vez en cuando, con la esperanza de ascender al estado superior de la semi embriaguez. Sólo allí el **aeróbico** se comportará de acuerdo a sus instintos ocultos, y podrá bailar sobre las mesas, apenas en ropa interior si lo prefiere, o agarrar ese culo de la lolita que había mirado durante la noche.

En un bar, el **aeróbico** entra, se ubica en una mesa y le dice al garzón:

—Buenas tardes, eh, sabe, yo venía a pedir disculpas por lo de ayer...

## El bebedor cuentero

*Si mal no recuerdo,
cinco son las razones para beber:
la llegada de un huésped;
la sed presente; la sed futura;
la excelencia del vino, y cualquier otra razón.*

Catulo

Con tan sólo leer su apelativo, casi no hay que describirlo, salvo tal vez sea preciso aclarar que nos referimos al **cuentero** bueno, y no al esquilmador, a ese tipo de ladrón que nos sale con el cuento del tío.

El **cuentero** que nos interesa es un chileno tan encantador como simpático, capaz de construir una fábula completa en la pausa breve de una copa y la otra. Es, para ser más precisos, un juglar de nuestros días, un payador en prosa que anima los corazones y reaviva la esperanza de los demás bebedores pedestres.

Al **cuentero** nunca le falla un cuento, y pareciera que jamás se repite uno, pues no olvida realizar leves transformaciones en la batería de sus relatos, cada vez que los esgrime. El **cuentero** es inagotable, pídanle lo que quieran, porque mientras más bebe, más parece aumentar su capacidad de inventar las fábulas que necesitamos oír, por favor. Allí salen a relucir sus dotes de gran narrador latinoamericano, una mezcla de Borges y Carpentier, y narra nomás, sin que le tirite la mandíbula o el enésimo trago en su mano.

¿Qué sería de los demás bebedores sin un buen **cuentero** cerca?

En un bar, el **cuentero** llega y es recibido con algarabía.

# EL BEBEDOR ALUCINADO
## El odio al lunes

*La realidad es una ilusión originada*
*por la privación de alcohol.*

N. E. Simpson

No es el borrachín del Condorito, el que ve elefantes rosados o mitades de cocodrilos asomando por las ventanas. Es una persona mucho más compleja, que algo arrastra y algo esconde. Pasado el primer umbral de las copas, el **alucinado** cree hallarse en un mundo similar al de los dibujos animados, en donde no existen las leyes de la física ni de la estética. Todo vale, es como haber trabajado de extra en "El submarino amarillo", de Los Beatles, y querer revivirlo cada noche.

Al chileno **alucinado** no le satisface la rutina ni la supuesta normalidad de la gente sobria, por eso bebe, y rápido, sólo desea recuperar amores perdidos en otras tierras. Al menos imaginar que los recupera, mientras le dura el estado de medio filo. El **alucinado** es un disconforme de la vida, y se alucina, con dos piscolas se entrega a un andar más bello, imaginado, irreal. Lo vemos en las fiestas y en las cantinas con una cara sudada de niño bueno, feliz, agarrado de su botella, abstraído del entorno y, tal vez, calculando cómo dejar la pega para seguir así en un estado permanente. El problema terrible, se entiende, es que al **alucinado**, como a cualquier compatriota, de todos modos lo amenaza el detestable día lunes y su campanilla de fin de fiesta.

En un bar, el **alucinado** entra, se instala en una mesa y le dice al garzón:

—Buenas noches, me trae un submarino, por favor, en jarra.

## El bebedor lúcido
El mundo en colores

*A mí me gusta el whisky con agua.*
*Con una o dos empresas de agua.*

Hernán Vidal, Hervi

Todo buen bebedor que se precie de tal, sabe que el alcohol es más que un placer, es también una inversión en los grados de conciencia, para ver más nítido, para razonar mejor, aunque hasta por ahí nomás. En un estrecho rango entre las primeras copas y aquellas otras en las que ya se ve borroso, el bebedor alcanza un estado mayor de lucidez, ve con claridad el orden de su existencia y el secreto de las cosas. Se le ilumina el mundo... hasta el minuto en que ha cruzado el umbral, para convertirse en un borracho más, en otro bulto en la fiesta, en un estorbo de la mesa. Ahí se acaba el juego.

El **lúcido** por lo general, bebe solo, pues aprovecha la enorme clarividencia que le dan los botellazos, allí descubre los secretos del universo, el origen de la vida, o —en menor grado— se vuelve capaz de escribir, dibujar o pintar como un maestro.

Con un par de copas, a Einstein se le ocurrió el cuento de la relatividad. Con un par de docenas de botellas de vodka, Dostoievski despachó su mejor obra: "El jugador". Con una batería de cervezas, Luis López-Aliaga escribió "Cuestión de astronomía". Loor a los grandes lúcidos de la historia.

Hay otro **lúcido** que bebía poco o nada, era un despreciable bebedor **seco** y un genio a la vez, lo que es una gran contradicción para este trabajo científico, lo siento mucho. Jorge Luis Borges aborrecía de la bebida y, sin embargo, fue capaz de moldear perfectamente el estado de lucidez breve que otorga el whisky, o el resto de los licores plebeyos. En su cuento "El Aleph", el ciego director de la biblioteca de Buenos Aires (que otros llaman universo) apunta a una repentina lucidez en que se puede ver *todo*, en que la vida se ordena y se comprende a cabalidad. Justamente, esa es la sensación que se persigue al beber, aun sabiendo que es momentánea, y que, si no tomamos notas de las ideas, mañana seguiremos siendo los miserables de costumbre, buenos días.

El **lúcido** es el tipo privilegiado de bebedor, el mejor de todos, la perla de occidente, es el sujeto capaz de transformar el alcohol en algo, lo que sea, pero algo. El **lúcido** ve luz donde nosotros, los demás pedestres, vemos simple negrura.

## El bebedor guardabotellas
Te invito a mirar un whisky

Este chileno es una suerte de personaje en extremo confiado en el futuro, en algún evento esperado con ansias a través de los años, para lo que procede a guardar botellas sin ningún conocimiento acerca de la preservación y durabilidad de los potajes. Es típico del **guardabotellas** esconder una botella de vino, regalada, para el remoto día en que se case su hija, aun cuando la niña todavía sea una púber de chupete y trencitas. Lo más probable es que si ocurrieren tales nupcias, a la vuelta del tiempo, al destapar la susodicha botella no se halle más que un vinagre listo para la ensalada de lechugas.

El **guardabotellas** es un pariente del bebedor **apretado**, pues utiliza la excusa de que tal Etiqueta Negra que vemos en su gabinete —por ejemplo— no lo podemos tocar porque "se guarda para una ocasión muy especial". Y así queda uno con sed, y el señor guardador con su botella a buen recaudo.

Totalmente contrario a la filosofía intrínseca de un buen bebedor, que indica que nada debemos esperar del futuro y, por tanto, ninguna botella debe ser protegida con enmiendas, sino que deben ser abiertas obedeciendo el dictamen de la sed.

## El bebedor pobremente sexual
### *Pocus libidinosus*

Es aquel tipo de chileno **tiro corto** que cree fervientemente que puede colocarle horario a las dos más importantes y libertarias actividades del ser humano: el sexo y la bebida. De tal modo, este sujeto ve como inconcebible galopar en un espaldar sudoroso de mujer antes de las nueve de la mañana (la conocida *mañanera*), o servirse un patacón de whisky sin hielo a las tres de la tarde sin más motivo que el motivo de la sed.

¡A la hoguera todos ellos!

En un bar, el bebedor pobremente sexual entra, se acerca al barman y dice:

—Buenos días, ¿me podría cambiar monedas para el teléfono?

## El bebedor totalmente sexual
### *Cacherus cacherus sp*

> *Mi abuela decía que hacer el amor alargaba la vida. Por eso le llamaba la atención que Borges haya vivido tanto.*
> Facundo Cabral

Gran caballero, héroe condecorado tanto en los moteles para peatones como en los otros, los elegantes de espejos y baños de burbuja. El bebedor **totalmente sexual** no da *puntá* sin hilo a fin de cumplir su propósito maestro de, en lo posible cada noche, terminar bebiendo whisky directamente desde ese pequeño vaso que conforma el ombligo de una mujer. ¿Cómo reconocerlo? Es aquel

que, si debe llenar una papeleta burocrática, de esas en las que se halla un casillero en que a uno le preguntan "sexo", coloca algunas de estas alternativas:
—Mucho.
—Intempestivamente.
—Siempre y cuando.
—A la mala.
—Sólo los días pares y los días impares.
—Contra el enemigo.
—Por arriba y por abajo, por el centro y a través (esto con letra muy pequeña, para que pueda caber en el casillero).
—Con mantequilla.
—Con margarina.
—Con aceite de oliva
—XXX.
—Por la patria.
—Ojalá.
—¡Por los ojitos no!
—Con uñas largas.
—¿Quién paga?
—Al aire, en la terraza.
—Con vuestra gentil hermana.
—Látigo en mano.

Todos los demás tipos de bebedores contestan con una letra *m* o una letra *f*, según corresponda.

En un bar, el bebedor totalmente sexual entra, se acomoda y le pregunta al garzón:
—Buenas noches, ¿tienen máquinas vendedoras de condones en el baño?

## ¿MARICAS O INMORTALES?
### Qué tan bravo es un chileno para empinar el codo hasta el límite

*En Chile es habitual toparse con 'gargantas de lata'.*
Tito "Sabio" Matamala, periodista[1]

Aparte del comportamiento generado por el alcohol, cualquiera que sea, existe una forma aún más sencilla de clasificar a los seres humanos: por la resistencia a la bebida. Aquí no se consideran las conductas sino la cantidad de bebestible que pueda acometer en óptimas condiciones, a nivel de mar, a temperatura ideal y a cuarenta y cinco grados de latitud, de acuerdo a convenciones internacionales sobre derechos humanos y alcohólicos suscrita por Chile durante el gobierno de Pedro Aguirre Cerda.

Eso sí, la resistencia de una persona al alcohol varía por imponderables tales como estado de ánimo, viento en contra o altura del techo en el restaurante en que se produce la ingesta. De esta forma, de repente un gran tomador, en el que se deposita la fe del grupo y que paga un peso veinte en las apuestas, puede pasar vergüenzas porque minutos antes recibió amenazas de cobro del crédito

---

[1] Citado en la sección "Lengua de trapo", del diario *La Cuarta*, 14 de septiembre de 2005.

universitario, o porque le vendieron botas de un número más pequeño.

Por lo mismo, no descartemos la posibilidad de que haya personas que se ubiquen en el límite entre una categoría y otra, o que un gran **tiro largo**, con medallas y diplomas de honor, tenga a veces una jornada de humilde **tiro corto**, manteniendo sus condecoraciones sólo por respeto a sus logros pasados.

Vamos viendo.

### El bebedor seco

> *No bebo. Pero no por virtud,*
> *sino porque hay una bebida*
> *que me gusta más y es el agua.*
>
> Jorge Luis Borges

Apelamos a un viejo refrán que estigmatiza a los secos y los ubica en su exacto sitio en la sociedad:

*Desconfía de quien no bebe.*

El **seco** no bebe, y esto no significa que se trate de un tipo sano que toma un vaso de vino en el almuerzo dominical o una copa de champagne en la noche de año nuevo. No, el **seco** no bebe, nada, *rien*, cero, *nothing*, en absoluto. Ni por ceremonial, ni por pasar inadvertido y lo descubran como un **seco**, ya que es incapaz de siquiera acercar un vaso de alcohol a la boca para fingir.

—Nooo, si yo no tomo —suele disculparse.

Tal vez sea antojadizo relacionar la calidad de la persona humana con su inclinación por el alcohol. Pero, aclaremos: punto uno, este libro es abiertamente antojadizo. Punto dos, la historia diaria demuestra a cada rato que si nos topamos con un **seco**, fijo que nos sale retorcido.

El **seco** se muestra siempre como alguien que no es, y tal vez en su propia sequedad esconda un pasado más bien pródigo en vino y otros brebajes, poblado de botellas y excesos. Justamente, tal como los conversos, el **seco** es fanático, ¡aleluya! Y la prudencia demanda mantenerse alejados de unos y otros.

Además, los secos no tienen historia, son intrínsecamente aburridos, es como si no hubiesen vivido y fuesen fruto de un experimento de generación espontánea en el gabinete del doctor Kaligari, y a nadie le agrada perder el tiempo con un ser que no existió. La vida es demasiado breve para perderla en intentos sociales con los que no empinan el codo ni bajan botellas al piso. Para eso existen las instituciones benéficas y los buenos samaritanos.

En un bar, el **seco** se sienta y le dice al garzón:

—Un té Zamba, por favor.

## El bebedor tiro corto

*Nunca debí cambiar el whisky por el Martini.*
Frank Sinatra

Aquí se ubica la gran masa, el pueblo, el Estado llano, el perraje total, y perdonen los arrebatos clasistas (en realidad, no me perdonen ninguna macana). Si se aglutinasen en partido político, los **cortos** gobernarían sin interrupción debido a su alta mayoría plena. Por si me copian, no se olviden que aquí surgió la idea, compañeros **cortos**.

El **tiro corto** es un sujeto tímido en esencia, apenas puede beber una copa de *cabernet* en una tarde de asado campestre, o medio pisco *sour* en un cóctel donde su presencia es obligada. Al **tiro corto** simplemente no se le da levantar el codo, nació sin el don, que es como nacer ciego. Sin embargo, no sufre, porque en su inocencia no se sabe minusválido, es feliz, y no aspira a un estrato superior. Su alma se halla libre de la tentación de beber un poco más, a fin de parecerse, por ejemplo, a aquel amigo suyo "tan simpático y bueno para la cerveza con pisco".

El chileno **tiro corto** es como un soldado raso, conoce su lugar y ahí se queda sin manifestar envidia por las virtudes ajenas. Y por su honestidad y simpleza, los **cortos** son buenos amigos, grandes chatos que nunca fallan, incautos, siempre prestándoles plata a los **medianos** y **largos**. El **corto** es un buen financista de la farra de sus mayores. Es el equilibrio de la naturaleza, la que prodiga de manadas de herbívoros a nosotros los carnívoros.

En un bar, el **tiro corto** se sienta y le dice al garzón:
—Una cervecita Dorada, por favor, y una Fanta.

### El bebedor tiro mediano

*Me gusta beber,*
*siempre que no sea con moderación.*

Geoffret Madon

A diferencia de su predecesor, el **tiro mediano** es un ser frustrado en la vida, no se siente satisfecho con su graduación paramilitar de cabo o sargento II, y mira hacia arriba. El pobre hubiese querido ser un oficial, un auténtico **tiro largo** con rango de contramaestre, de almirante de la mar océana.

El **tiro mediano** es un apasionado de la bebida, amante empedernido del descorche y el destape, un ciudadano que colma su habla con el amplio vocabulario del alcohol. En teoría le funciona bien, hasta suele ser gracioso en sus anécdotas de tragos y tomateras mitológicas en las que jura haber participado. Pero en la arena misma se descubre como lo que es: un sujeto de resistencia mediana, sólo un poco más que aficionado, un mediocrón en los pasillos del bebestible, un tronco en el área chica. Qué fatalidad.

Para armarnos una idea de las cantidades, un **tiro mediano** suele pasar de dos litros de cerveza Escudo, por ejemplo, o una botella de pisco plebeyo, de treinta grados. Hasta ahí bien, pero ni un paso más, para su maldita desgracia, pues él quisiera mantener el ritmo y seguir bebiendo a la par con quien sea. Sorry, mister.

Es un problema físico el que padece el **mediano**: el cuerpo le impide continuar y lo retira del ruedo mucho antes que su propia voluntad. Los científicos aún no descubren si el **mediano** es así por herencia o por formación, en este caso malformación. Tampoco se sabe si el medianismo es de generación espontánea o si se contagia al exponerse a otros **medianos**. Los estudios más avanzados en el tema se llevan a cabo en la Universidad Complutense de Madrid.

El **tiro mediano**, reiteramos, es de los que reflexiona sobre el asunto de las cantidades y de las cualidades de un trago u otro. Hasta sería capaz de escribir una minuciosa guía —¡o manual!— para comprender la ciencia de la bebida, ya que, de tanto cuentear sobre el alcohol, el **mediano** se convierte en un teórico experto en la disciplina de bajar botellas al piso, con posibilidades de dictar cursos en el extranjero o en una universidad privada, o con mayor probabilidad en una universidad tradicional, en donde todo cuento se permite y financia.

En un bar, el **tiro mediano** se sienta y le dice al garzón:

—Por favor, vaya trayéndome una cerveza cada cinco minutos.

### El bebedor tiro largo

*Campaneando entre unos hielos,*
*viene hacia mí un Juanito Caminante.*
Vinicio Cordeiro

Hemos llegado a la tierra de los profesionales, de los hombres serios, de los grandes bebedores que convierten las botellas en cachorros mansos, incapaces de morder su resistencia. Aquí podría acabar este libro, punto final. No se devolverá el importe de compra.

El **tiro largo** es un sujeto de una sencillez monástica, un hombre pacífico y sabedor de que no necesita ostentar supremacía, pues nació con ella. Además, el **largo** suele ser de movimientos lentos, como oso satisfecho, sin que necesariamente se trate de una persona obesa. Es la evidencia de una paz interior, de la templanza de su espíritu reflejada en un modo de beber aristocrático y señorial. Por lo mismo, es quitado de bulla y ajeno a los altercados y conflictos derivados del alcohol. El **largo** lo ha conseguido todo en la vida, y ya no tiene ambición ni prisa.

Los **largos** son poetas o poetisas, profesores de redacción periodística o ingenieros civiles en una perdida repartición pública de la Dirección de Aguas en Chillán, por ejemplo, también los hay doctores en Filosofía o economistas con estudios en Suecia.

La resistencia del **tiro largo** es altísima, inconcebible, pero nunca infinita. Aunque lejano, siempre existe un punto, un límite del que no debe pasar. Y no lo pasa, jamás se ha visto a un **largo** protagonizar un bochorno por exceso de libación, en ello coinciden periodistas e historiadores, en eso más que sea.

En un bar, el **tiro largo** se sienta y le dice al garzón:
—Buenas noches.

## El bebedor inmortal

*La muerte menos temida da más vida.*
Emblema en el escudo de Pedro de Valdivia

Como un Mozart o un Einstein, como un Neruda, cada cierto tiempo aparece un Inmortal y camina por entre nosotros tratando de pasar inadvertido. Es un acontecimiento tan escaso que ningún investigador de tal fenómeno ha consignado un encuentro entre dos inmortales, al menos en Occidente no hay pruebas concretas de ello. De los ex soviéticos, nada se sabe, aún no se permite desclasificar los archivos relacionados con el tema, estamos a la expectativa.

El Inmortal nunca decae, no muere, bebe como si todo fuese agua, y no se detiene a descansar, día y noche, salvo que en la madrugada cambia el whisky por la frescura de la cerveza, nada más para el desayuno. Por esta razón, su única y poco envidiable tragedia es que no conoce la breve bondad del estado de embriaguez. Describiendo una curva asíntota, el Inmortal se acerca eternamente al borrón de la borrachera, pero no llega nunca, jamás se embriaga.

Cuando es joven, el Inmortal se comporta como un facineroso, cual pistolero errabundo en busca de amistades y cantinas en donde desplegar sus talentos de bebedor y amante insaciable. De comportamiento temerario, el Inmortal no conoce de miedos ni dudas, sus pasos no son humanos, sino más bien los de un dios vitrineando por las tabernas de este mundo.

Y los pocos inmortales que llegan a la edad adulta se asientan, procrean no más de un Inmortal y se transforman en leones apaciguados disfrutando del anonimato, aunque de todas maneras son reconocibles para un observador perspicaz.

Conocer a un Inmortal, ver su luz imperecedera, es una experiencia mística que suele cambiar el rumbo de los sujetos terrenales, tocados por ese beneficio celestial.

Más que nada, y yo lo supe de buena fuente, los inmortales son inmunes a las ciénagas espesas del amor huido, al alambre de púas germinado en el sitio baldío en que antes brotaron tus promesas, mujer (por eso, yo quisiera ser un Inmortal).

En un bar, el Inmortal se ubica en una mesa y le dice al garzón:

—¿Cuánto me da por este Rolex casi nuevo?

Cincuenta años después, el Inmortal entra al mismo bar y le dice al garzón:

—Buenas noches, un *amarillo* de doce años, sin hielo, por favor. ¿Acepta Visa?

# ¡NUNCA MÁS, JURO QUE NUNCA MÁS!
## Los efectos de la resaca entre cordillera y mar

> *Resaca: Malestar que padece al despertar quien ha bebido alcohol en exceso.*
> Diccionario de la RAE

> *Cuánto se debe.*
> El Compadre Moncho, cualquier madrugada en un bar

La resaca es el infierno, no hay término medio ni escapatoria posible. La resaca es el precio a pagar por haber disfrutado de un paraíso etílico, y aquí todos pagan, no hay absoluciones, ni siquiera coimeando al diablo uno puede escabullirse.

La resaca viene, de todas maneras viene, y no sirven los sentimientos de culpa o las promesas de que nunca más, se lo juro, si yo iba pasando no más, mi cabo.

Nunca más, se lo firmo ante notario que nunca más.

Existe una sola receta válida para combatir la resaca: aguantar, pues no hay salvación. Es tan pletórico el grado de felicidad adquirido por un buen bebedor bajo el tintineo de los vasos que chocan o de las botellas en descorche, que, a la mañana siguiente, la cuenta se ha acumulado en demasía. Surge un mareo continuo, una sensación de asco en las manos y en la boca, una piel cansada y rojiza, los ojos inyectados en sangre y las rodillas víctimas de un temblequeo tipo terremoto de Chillán de 1939. También una punzada en la cabeza originadora de la iconografía del beodo: un hacha hundida en la frente. Eso no es lo peor.

Lo peor es una sed insaciable, una sed de agua mineral, de Coca Cola, de Fanta, de agua de la llave o noria, de lejía o de meado de señorita. Así de grave. Cualquier líquido es aceptable ante la sensación de cenicero en la jeta y los tiritones de una lengua retorcida entre el recuerdo de la felicidad perdida y el presente de un cuerpo enfermo, descompuesto, que despide hasta fetidez. Por ahí anda la resaca.

Precisemos: lo más parecido a la resaca es el infierno. Y nos extraña que el autor de *La divina comedia* —Dante Alighieri— no hubiese puesto los padecimientos de la resaca como uno de los anillos concéntricos del infierno.

La resaca es como la deuda externa, como la corruptela en el gobierno, como la selección de fútbol o como la contaminación en la capital: no tiene solución, no den más vueltas.

Poco es lo que se puede comentar, y prácticamente nada es lo que se puede asegurar en la ciencia de contrarrestar científicamente la resaca. Salvo, tal vez, que la misma es directamente proporcional a la cantidad de alcohol ingerida y a la calidad del mismo. Obvio, no es lo mismo una resaca de vinillo bigoteado, servido a la mala en una cantina sin permiso de circulación, que la de un litro de *Ballantine's*, sin hielo y sin prisa, cualquier noche de invierno. Una es peor que la otra.

Estudios científicos en Alemania apuntan a que la resaca más suave, más recuperable, es la delegada del vodka puro, gracias a la cualidad de ser inodoro e incoloro. Luego le sigue el rey, el whisky, y enseguida no hay más luces en el tema, el resto es franca especulación seudo científica.

No obstante, la experiencia empírica de cualquier buen bebedor chileno entre Arica y Punta Arenas le indica que los pencazos que golpean más fuerte son, tome nota, a saber:

- Los generosos en azúcar.
- Los sucedáneos, es decir: whisky, ron o coñac nacionales, que, sabemos, no son tales.
- Los brujos, como chacolí, el aguardiente de Linares o el licor de oro de Chiloé.
- Las chichas en general, especialmente las frescas, las que aún permanecen en proceso de fermentación.
- Los inventos presuntuosos. Aquí entran a tallar los embelecos tropicalistas de que hemos hablado, o las leseras surgidas en los bares de moda para llamar la atención. Esos que llevan llamas, paraguas, rodajas de sandía y cascaritas de palta.
- Los desajustes estratégicos, como dedicarse a variar el tipo de combustible, enredando el pisco *sour* con champaña y jerez, por ejemplo, luego cerveza y vino para más tarde volver al pisco *sour*. Esta falta es típica en los aficionados, ya que un buen bebedor sabe que no es aconsejable cambiar de caballo si la carrera se vislumbra larga.

Existe una forma de posponer los agravios de la resaca, algo así como solicitar más crédito en el banco. Esto es —naturalmente— seguir bebiendo, apagar el fuego con más fuego, en una norma terrorista desafiante de todas las leyes físicas. Una cerveza bien helada calma los dolores de mollera y estómago, a la vez que vuelve a echar a andar la lengua empantanada en su sed. Eso en la mañana, temprano, como desayuno. Al mediodía es mejor pasarse a un vino con algo de comer, y por la tarde ya podemos volver a los calibres mayores. ¡Fantástico!

No tanto, porque —recordemos— sólo estamos posponiendo el tributo que demanda la resaca, tal vez un día, o varias semanas, si la tomatina es maratónica.

Inexorablemente, llegará un momento en que habremos de claudicar y entregarnos a los tormentos del inframundo. Y ahí se paga al contado, sin posibilidad de negociar o escapar. Lo señala esa frase espantosa en la puerta del infierno: *Lasciate ogni speranza, voi ch'entrate* (Dejad toda esperanza, vosotros los que entráis). En resumen, la única manera de no padecer resaca es NO BEBER, pero yo no estoy escribiendo un libro para esos pelotudos.

### TIPOS DE RESACAS

#### 1. La resaca monacal

Se habla de una resaca monacal por aquello del voto de pobreza de los monjes (bueno, de algunos monjes no militantes en esas órdenes cuicas y recalcitrantes). Es decir, cuando el bebedor ha prescindido de la comida, y en su cuerpo ha dejado espacio sólo para alcoholes poderosos. Es la resaca de los valientes, de los que no se preocupan de *afirmar el estómago*, y pasan directo a los bajativos, hasta el día siguiente. Además, es sabido que el alcohol es uno de los cinco grupos de alimentos básicos, y en su particular modo, igual alimenta. Me explico: al atacar desde temprano un metro cuadrado de Escudo, por ejemplo, se llega a un punto de umbral en que ya no se siente hambre ni deseo de *picar alguna cosita*, como aceitunas o quesos, o miserables papas fritas en el casino del Lord Cochrane. Ello indica que los azúcares de la cerveza han engañado al estómago, y uno se da por almorzado. Hasta le salta el reflejo de escarbarse los dientes para buscar restos de comida.

Para un bebedor profesional, el comer es un deporte secundario.

## 2. La resaca patachera

*Y, para apagar el incendio, nada más estimulante*
*que un aguardiente, un yugoslavo o una chupilquita,*
*aunque para eso hay que ser choro*
*y tener más huevos que sartén de pobre.*

Vinicio Cordeiro

Por el contrario, en la resaca patachera el bebedor no sólo lamenta los excesos de bebida al día siguiente, sino también su debilidad por alimentos particularmente resacosos, como las longanizas de San Carlos, las prietas de Fresia, las hamburguesas con tocino en el "Rich" o las tontas machas por docenas en Quidico.

Una típica resaca patachera es la que provocan los asados campestres, las fiestas de matrimonio o las celebraciones de año nuevo, en donde suele faltar mesura y sobrar de todo. El buen bebedor no acostumbra presentarse muy a menudo en esos escenarios.

Por la mayor cantidad de ingredientes comprometidos, la patachera es una resaca más sufriente y culpógena, induce un arrepentimiento de tipo religioso en donde el bebedor se encomienda a los santos para que *esta sea la última vez*. Por fortuna, esos arrestos de espiritualidad se desvanecen durante la tarde, y por la noche ya estamos dispuestos a degustar las sobras del curanto, o de lo que haya del condumio. ¡Viva la herejía!

Además, por una cuestión fisiológica, si un bebedor ha atacado con ahínco alimentos ricos en grasas, aumenta su capacidad de resistencia al alcohol. Es decir, usía, uno se cura más lento. Las grasas y aceites son como un escudo para las paredes del estómago y lo mantienen aislado de los efectos de la bebida. Claro, no se confíe, el recurso es pasajero.

## 3. La resaca rutinaria

*El trabajo es la maldición
de las clases bebedoras.*

Oscar Wilde

Si sabemos que un buen bebedor cumple su oficio todos los días, se desprende que *todos los días siguientes* portará una resaca, conocida como la rutinaria. Se trata de una condena harto más suave que las derivadas de grandes lides —como cuando un bebedor se juega la vida entre botella y botellón— y se reduce a una mera sequedad en la boca y a la continua necesidad de mantener caramelos de menta en cada una de las chaquetas, por la presión social de ocultar los malos hálitos. Se desprende que un buen bebedor es a la vez un mentadicto anónimo, con carné de socio al día y con las cuotas pagadas por anticipado.

Como los monos en el Parlamento funcionan a la velocidad de un caracol con muletas, todavía ningún honorable ha propuesto un proyecto de ley que penalice las discriminaciones laborales sufridas por los portadores de resacas rutinarias. Cuántos de los nuestros habrán perdido sus empleos porque al jefe no le agradó sentir ese olorcillo habitual de pipeño con ajo, como el que despiden los bebedores que no paran la chupeta. Cuántos académicos universitarios son señalados con el dedo porque llegan a la ocho de la mañana más hediondos a copete que sus alumnos. Qué injusticia, señores.

Lo otro que funciona mal es la ciencia, pues todavía no se ha hallado el líquido milagroso, el vapor mágico destructor del mal sabor de las resacas. Aprovecho de advertir a los ingenuotes que NINGUNO de los productos ofrecido por el mercado como anti resacosos funciona. Tal vez le sirva a una señorita que bebió una copa de menta la tarde anterior, pero no a los bravos que se echan bencina de avión, cholgas en sus conchas y coipos asados al guargüero.

Mientras tanto, los chilenos seguiremos siendo mentadictos irremediables. Note que a los gerentes de supermercados todavía no se les ha ocurrido inventar promociones de una botella de pisco, por ejemplo, que lleve de regalo una bolsa de pastillas de menta. Queda lanzada la idea.

### 4. La resaca vieja

*¿Y mi cerveza?*
Homero Simpson

No es el resultado de una noche de copas y amigos, es más bien la obra de una borrachera larga, de años, en la que se ha depositado todo el esfuerzo por olvidar, por borrar imágenes porfiadas, indelebles. La resaca vieja es signo de un dolor antiguo y tesonero, de un dolor cargante que no se disuelve ni con bigoteados de cantina ni con *tontos amarillos* en vasos de cristal de Baccarat, está comprobado.

El bebedor que porta una resaca vieja apesta, pero no a sudor ni a mal aliento —propio de las resacas infantiles— sino a corazón descompuesto y alma vacía. Las señales de la resaca vieja son insípidas, pero muy visuales para quien sepa leer sus huellas en los ojos desencantados de un bebedor sin vuelta. Curado viejo, resaca vieja.

### 5. La resaca buena

*Nada hay más atroz en una historia de amor que la certeza de que terminará algún día.*
Tomás Eloy Martínez, en *El vuelo de la reina*

Se conoce también como resaca compartida, y ocurre cuando el buen bebedor y su amada escurridiza han coincidido en una bifurcación de caminos para bajar al piso algunas botellas de *cabernet sauvignon*, sin contemplaciones, y luego enredar sus cuerpos felices —por arriba y por abajo, por el centro y al través— sabiendo él que la felicidad es el más transitorio de todos los estados. Por la mañana, la resaca buena se manifiesta en besos agrios, infectos, pero recibidos con agrado por uno y otro. Aquí no es necesario esconder el aliento de lejía con andanadas de menta, sino más bien exhibirlo, vaciarlo de una boca a la boca vecina, mezclarlo tal como la noche anterior se mezclaron los efluvios al alero de la templanza del vino. Todas las demás resacas se pueden olvidar, salvo la resaca buena.

### 6. La madre de todas las resacas

*Me he tomado dieciocho whiskies.*
*Creo que es mi récord.*
Dylan Thomas, antes de morir

Aquí el bebedor no recuerda si estuvo ahí, ni si pidió a voluntad eso que le dieron, no recuerda la algarabía ni mucho menos cómo huyó y alcanzó a varar en esta cama, aún ensillado y con los zapatos puestos. Volar con instrumentos, o navegación inercial, le llaman. La madre de todas las resacas es un acto mágico de no guardar nada en el memorial, de no manejar siquiera fragmentos para saber cómo pudo escapar intacto de esa refriega histórica.

En la vida, siempre hay una primera resaca grande, es el momento en que se separan las sendas entre los bebedores pequeñitos y las amplias alamedas por donde habrá de caminar el buen bebedor libre para construir una sociedad mejor abastecida. Los primeros se van para la casa y, a lo más, suelen empinarse media botella de cerveza Dorada al mes. Los segundos, con los ojos abiertos, descubren el deber de beber.

## BIENVENIDO AL PARAÍSO
### Estrategias sociales para momentos en que la bebida es gratuita

La sociedad ofrece innumerables oportunidades en las que el botellamen es gratuito, para la dicha de los buenos bebedores, desde los cócteles institucionales hasta los vuelos en avión, desde el bar de un amigo solvente hasta la degustación en un supermercado.

No obstante, la gratuidad exige una alta preparación y entrenamiento a los potenciales beneficiados, a fin de aprovechar al máximo el recurso natural. El universo de las copas sin precio no está hecho para los improvisadores y pajarones, ni tampoco para los desvergonzados o bolseros evidentes.

Un conjunto de estrategias, mezcladas con normas mínimas de urbanidad, debe regir la conducta del bebedor en las sabanas de la gratuidad. Es recomendable realizar prácticas profesionales y recurrir a un buen conjunto de lecturas teóricas respecto del tema. Sugiero atender el libro "Acércame la copa", de Claudio Solo Conchavello, edición del propio autor.

## 1. El cóctel y la problemática del perraje contemporáneo

En su segunda acepción, mi querido diccionario de la RAE define el cóctel como "Reunión o fiesta donde se toman estas bebidas (las alcohólicas), generalmente por la tarde. Como nos resulta algo ingenua y poco específica esta descripción, diremos del cóctel que se trata de un hecho puntual en que una persona o institución se ve obligada a lavar las tripas con líquido y sólido a un grupo mayor de personas. Un cóctel puede ser apoteósico, con baños de caviar y jamón serrano, botellas de *tonto amarillo* cada medio metro y odaliscas desnudas amenazando con sus vientres sobre las mesas. Yo estuve en uno de esos, eligiendo entre ojos de ornitorrinco en sus cuencas, broquetas de celacanto o filetes de pudú, abotagado por las sartas de locos tamaño moneda de cien pesos —sírvase nomás, caballero— y bebiendo tragos largos y secos de unos *Chivas* cuyas botellas vi forradas en terciopelo granate y dispersas en abundancia, como vulgar pipeño en una ramada.

También estuve en los otros, en los despreciables, en los misérrimos donde el mayor lujo es una copa a medio llenar de champaña *con sabor,* junto a galletas de barro o de cal, para que no digan que es tomatera. Un amigo universitario me decía que no me sobresaltase en esas ocasiones, porque siempre había algo peor: un cóctel de agua con harina, y sin servilletas, muy frecuentes en su repartición de la Escuela de Periodismo.

El garzón, figura central del cóctel, es un curioso personaje de modesta ascendencia que prefiere servir con eficacia reiterada a las autoridades, personalidades y afines. En su pista, se comporta como un agudo discriminador de clases: va directo a los prohombres y elude a la manga de bolseros hambrientos que completan el todo de un cóctel. La paradoja es que la autoridad nunca padece de hambre o sed, y evita la tentación de un canapé a deshora o un trago cuando se le exige sobriedad y lucidez.

A pesar de que la comida y el licor son gratuitos, para un angurriento es difícil efectuar buen usufructo de un cóctel y, si no se maneja la mínima experiencia de la que hablamos antes, lo más probable es que apenas deguste un canapé de queso y espárrago y un pisco *sour* insípido.

Un bebedor de cóctel debe estudiar el terreno, debe descubrir de dónde provendrán las bandejas y cuál será su flujo. Luego se ubicará en un lugar estratégico como para servir de puesto de peaje a cuanto anticucho o Martini ruede entre los bloques de energúmenos, pero nunca con ojos y alas de buitre, sino con una estudiada rutina en la que parezca natural sustraer una empanadilla de queso, un vino blanco, un whisky *sour* o un jerez Tío Pepe. Si el garzón descubre el *pauperrimaje* del invitado, estamos mal y todo se pierde. La actitud de poderoso es lo más importante. Una estrategia anexa es la actuación en grupo, con la complicidad de otros que se ubiquen de espalda al tránsito de los garzones y, ante una señal acordada, se abran de manera descuidadamente planificada y encierren al portador de la comida y el trago como una mosca en una planta carnívora. Es infalible, garantizado.

Por otro lado, no debe olvidarse la visión de futuro para saber qué tan bueno es el cóctel. Hay algunos que son dos pasadas de canapé, dos de pisco *sour* y una de bombones prescindibles. El azúcar es detestable cuando uno anda tras presas mayores. Ahí nada se puede. Un buen comensal debe calcular y, en lo posible, explorar en los epicentros del cóctel, debe saber el número aproximado de corridas de tragos y —lo más importante— si estos desembocan en un whisky apocalíptico, de fin de fiesta. En tal caso, hay que beber con moderación para al final dejar el espacio merecido por el escocés.

(Sin embargo, no siempre es agradable hallar el centro neurálgico de un cóctel. Recuerdo una vez en la Casa del Arte de la universidad, en mis años de camisas gastadas por ambos lados, cuando seguí a un garzón hasta el nido, era una piececita pequeña en la que se guardaban el escobillón, la cera y la pala. No había agua, no disponían de un lavadero como para renovar la vajilla sucia, y así sorprendí al líder de la banda sumergiendo copas y vasos en una batea de agua jabonosa y luego, sin enjuague, recargándolas de vino, pisco *sour* o lo que sea, con ese baño todo era lo mismo. Miserable era yo, dónde les firmo, pero esa vez rechacé con dolor un White Horse con Vim líquido que me ofreció amablemente el mismo garzón del lavabo)

Producto de la promiscuidad social y de la demagogia siempre vigente, a un cóctel también acude el perraje en masa, y con sus uniformes de perraje: chalecos de lana cruda, bolsos de cuero con largas tiras, pelo despeinado, jeans gastados, bototos sucios y una sed y un hambre más extensas que toda la producción del cóctel. Afortunadamente, el garzón los discrimina, los elude por una mínima cuestión de estética: nadie ofrece cócteles a los picantes manifiestos. Está bien que un picante se disfrace de caballero, con terno y corbata, vaya y pase, son los vicios de las democracias occidentales, pero una cosa distinta sería aceptar en sociedad a quien ni siquiera se viste como ser humano.

El perraje se las arregla para estar presente en un cóctel, de seguro estudia la prensa local, en donde se anuncian inauguraciones y actividades similares, y se deja caer. Forma parte del paisaje de un cóctel, e incluso se podría medir la calidad de su difusión previa por el número de perrajes infiltrados entre la gente. Por ello, no se trata de acusarlos para que los echen, sino sólo mantenerse alejado de sus cueros y lanas, ni siquiera hay que mirarlos ni comentar su presencia o movimientos.

El perraje es lo peor.

En un cóctel, el buen bebedor debe concentrarse en su tarea, actividad que demanda algo de trabajo actoral para que tanto el anfitrión como los garzones no se percaten de sus intenciones. Por lo tanto, hay que conversar y reírse —*departir*, le llaman los refinados— para que nadie note nuestra vista fija en la siguiente bandeja de pisco *sour*.

Al final, debemos preguntarnos si nuestra dignidad vale más que un canapé y un pisco *sour*...

## 2. El avión, la trampa de la ventana

No es que la bebida del avión sea gratuita, sino que se incluye en el precio que pagamos por el pasaje, razón más que suficiente para actuar con eficacia y empiparnos al menos la cuota que nos corresponde.

Beber en las alturas exige decisiones sencillas que comienzan en tierra, al momento en que nos preguntan:

—¿Ventana o pasillo?

—Pasillo —es la respuesta científicamente correcta.

Cuando ya hemos volado un par de veces, no nos resulta atractivo mirar por la ventana la tierra pequeñita allá abajo. Superada la novedad, volvemos al primer deber del ser humano: beber.

Un sujeto ubicado junto a la ventana, aislado por el ruido de los motores y por los bultos de sus vecinos de asiento, tendrá pocas posibilidades de establecer claramente su pedido a la azafata. De seguro no será oído y deberá atenerse a la buena voluntad de terceros. Un buen bebedor evita esos riesgos.

En cambio, al sentarse junto al pasillo, no sólo se comunica de manera óptima con la azafata, además recibe de primera mano su copa de vino o escocés. Incluso, si estuviese permitido, él mismo podría servirse el whisky a su antojo con apenas estirar el brazo. Por derivación, la facultad de repetirse depende sólo de la personalidad del bebedor, quien no necesita más que incorporarse, caminar por el pasillo y alcanzar el carrito de los tragos antes de que desaparezca en el agujero negro del avión.

La empatía que pueda establecerse con las azafatas redunda en etílicos beneficios, recomendación que es, por lo demás, universal.

—Buenas tardes. Por favor, déme un whisky seco, sin hielo, y generoso.

Noten la redundancia *ex profeso* al solicitar *seco, sin hielo* para asegurarnos de que, producto de la mala costumbre y la ignorancia popular, no nos contaminen nuestra bebida. También destaca evitar el lugar común del *whisky doble*, propio sólo del cine, de las parodias del "Jappening con Ja" y de los asomados que creen saber algo de la vida. Un caballero bebedor jamás pide un *whisky doble*, sólo *generoso*.

—Póngale harto, mire que soy amigo del piloto —es una argucia desarrollada por Cristian Celis Bassignana, un viejo guerrillero del descorche en nuestras latitudes del Valle de La Mocha. Tomen nota de su efectividad.

Como no podemos saber si el avance de los carritos con bebestible provendrá de la popa o de la proa, el buen bebedor elegirá siempre los asientos a medio camino entre uno y otro punto, por aquello de la probabilidad estadística aplicada al arte de beber. Ubicados en la mitad de todo, nos libramos de la preocupación de que, por ejemplo, lleguemos a nuestro destino sin haber paladeado siquiera un primer *tonto amarillo*, lo que suele suceder en trayectos cortos desde aquí a la capital. Quienes poseen alma de apostadores, se la juegan y se ubican en la primera o en la última corrida de asientos. Es el juego de todo o nada.

### 3. El amigo solvente, ¡demos gracias al Señor!

Todos tenemos uno, o al menos una vez hemos estado bajo el amparo de un sujeto poderoso, envidiando su desenvoltura y solvencia, aborreciendo la estrechez cotidiana a la que tuvimos único derecho a la hora de los repartos. No es que uno deba comportarse como un bebedor *bolsero* frente al amigo solvente, pues aquí priman otras leyes, que apuntan a la perpetua necesidad del ser humano por sentirse bajo un techo, protegido y financiado.

Al amigo solvente le sobra de todo, y no sólo propiedades y botellas, también le sobra dignidad y clase, por lo que jamás nos enrostraría su padrinazgo ni tampoco sería capaz de pedir algo a cambio de su costumbre de pagar la cuenta o de abrir el bar de su casa hasta reventarlo, lo que, claro, nunca ocurre porque su bar es infinito, como la biblioteca de Borges.

Como no se trata de un caso puntual de gratuidad, no es preciso arrebatarse o beber apurado a expensas del amigo solvente. No hay prisa, no vamos a ninguna parte y, si somos leales, nunca fallará esa generosidad desmedida que lo caracteriza.

El amigo solvente paga, y si en la barra del Centro Español nos asegura que podemos pedir cualquier cosa a cuenta suya, no es crueldad ni ironía, es simplemente cierto.

### 4. La cena de la oficina, el puesto, la esposa y el opuesto

> *Abstemio total es el que se abstiene*
> *de todo, excepto de la abstención.*
> Ambroise Bierce

No es necesariamente un ámbito que corresponda a la gratuidad en estricto rigor, ya que a veces las cenas junto a compañeros de trabajo, o las convocadas por la empresa, se financian *con una cuota*, la que sale en efectivo de nuestra billetera o, para engañar algo el presupuesto, se descuenta por planilla a fin de mes. Como sea, en la *cena de camaradería*, así le llaman, lo que ocurre es una competencia solapada por no sólo *beber su propia cuota*, sino parte de lo que le corresponde a los demás.

Con harta generosidad, la organización de estos eventos, en el aspecto bebestible, contempla algo más o menos así: un aperitivo, media botella de vino y un bajativo por persona. O sea, nada, no da ni para muestra médica. Por eso, una vez que nos hemos adscrito a un juego tan exiguo, debemos estudiar el escenario en que nos presentaremos:

El puesto: Aun sabiendo que los bebedores *secos* y los *tiros cortos* son los sujetos más aburridos como vecinos de mesa, esta vez nos preocuparemos de ubicarnos precisamente junto a ellos, recordando que el deber de beber es la Primera Enmienda de un buen bebedor, no importa cuán grande sea el sacrificio. Así, podremos realizar un elegante usufructo de las porciones que nuestros nuevos amigos desecharán o desperdiciarán. Con muy poco de suerte, triplicaremos los aperitivos y bajativos y, cual terrateniente, nos apropiaremos del vino colocado en el sector.

La esposa: Son frecuentes los casos en que estas cenas incluyen a la pareja. Para ilustrar el procedimiento correcto, me permito citar una estrategia elaborada por mi amigo querido Alfredo Barría Molina, con quien tanto aprendí de copas y de libros. Como su señora no bebe, suele suceder, el profesor Barría la había adoctrinado para que siempre dijese que sí a cuanto trago le ofrecieran: sí al pisco *sour*, sí a las recargas de vino en su copa y —por sobre todas las cosas— sí al bajativo. Como enseguida se entiende, Alfredo Barría bebía el doble que los demás porque, gracias a sencillos malabarismos, iba rotando las copas suyas y de su mujer, quien sólo se limitaba a besar el cristal cada cierto rato, para que nadie sospechase del ardid de buen bebedor.

El opuesto: Esta triquiñuela también fue desarrollada por el gran señor Alfredo Barría. En el momento en que el garzón pregunta a cada comensal qué vino va a preferir, el buen bebedor optará por la decisión contraria a la mayoría. Funciona de esta manera: si van a cenar carnes rojas, por ejemplo, todos los tarados caerán en la trampa de que —se supone— el tinto es el único mosto adecuado para tal comida. Mentira. Por eso pedimos un blanco, con la esperanza de que nadie más pida un blanco, y el garzón se vea obligado a abrir una botella de blanco sólo para mí, que me la he ganado, y que no compartiré. En estos casos, vale ser un gigante egoísta bebedor.

## 5. El matrimonio, cómo recuperar la inversión

*Atribuyo mi longevidad y buena salud al hecho de que nunca toqué una copa o una mujer antes de cumplir los diez años de edad.*

George Moore

Aunque en rigor tampoco es una instancia de total gratuidad, se trata del más importante acontecimiento social en el que un buen bebedor demuestra sus destrezas. Y como matrimonios jamás faltan, constituye también un invaluable escenario de prácticas para aspirantes a las jinetas que otorgan las botellas.

El matrimonio nunca es gratuito: como caballeros que somos, si estamos invitados es señal de que antes nos hemos manifestado con un regalo mínimamente digno, algo más que una plancha o un juego de sábanas de dos plazas, ¡o un cenicero! Por lo mismo, el desafío es matemático: debemos intentar beber el equivalente a la inversión realizada para asistir al casorio. Se trata de un intrincado juego de equilibrios entre el grado de amistad con los novios, el valor monetario del obsequio y la resistencia que seamos capaces de invocar a fin de retirarnos de la boda con un saldo cero, o lo más cercano al cero.

Entendámonos, si a la pareja de recién casados le hemos contribuido con un televisor de 20 pulgadas, pantalla plana y sonido estereofónico, el ideal es que en la madrugada nos retiremos con el valor de ese aparato traducido en alcohol y disperso por nuestro cuerpo. Muy pocos logran tal hazaña.

Mesura, prudencia y visión de futuro, son las reglas básicas de comportamiento en un matrimonio. Aquí los desaforados y los eufóricos pierden su tiempo y su dinero, no cuentan.

Un matrimonio que se precie da para largo, así que nada de prisas o arrebatos con las primeras escaramuzas de pisco *sour* o champaña ceremonial, antes de la cena. Hay que guardarse para los excesos posteriores, cuando ya se han retirados los que nada aportan, los invitados de compromiso, las autoridades civiles y militares, el señor diputado, la plasta del alcalde, los parientes lejanos, el cura y sus acólitos, y los periodistas en general. La auténtica batahola comienza cuando quedan en escena sólo los valientes, los héroes de la legión extranjera dispuestos a batirse hasta la muerte, o hasta que revienten las existencias del bar, que eso es más o menos la muerte.

El matrimonio es un acto sagrado, no por las argollas de intercambio ni por las promesas de amor eterno que se juran los convocantes, eso no interesa a nadie, sino por las portentosas dimensiones de un justificado bar abierto, menester de atacar a quemarropa, a sangre y fuego, sin piedad ni prisioneros.

Otro consejo útil recogido de mi amigo Alfredo Barría: si se trata de un matrimonio a lo grande, con garzones y demás servidumbre, es conveniente entregar de manera disimulada una propina al garzón, pero por anticipado. Un par de buenos billetes deslizados en la mano garantizan un servicio de primera, y una atención personalizada de ese señor que nos procura el bebestible durante la jornada.

**Nota al pie: las promociones en supermercados**

En la época de gloria de Don Francisco y sus "Sábados gigantes", los creativos inventaron una cámara indiscreta que ahora nos resultaría vomitiva. Pusieron una chiquilla de promotora en un supermercado, cuando ese truco de la mercadotecnia apenas era conocido a principios de los ochenta, para ofrecer una singular degustación: vino japonés. Por supuesto que nunca fue vino, sino vinagre chileno común y corriente, pero envasado en botellas con etiquetas fraudulentas. Ese era el chiste. Sírvase, caballero. Muy pocos fueron los que escupieron enseguida el potaje, quizás no reconociendo el vinagre propiamente tal, pero sospechando que se trataba de un vino como la mona de malo. Otros, anticipándose a los tiempos de la siutiquería, comentaron el original buqué o el sabor tan distinto de los mostos nacionales, qué curiosa es la gente asiática, dijeron. Hubo incluso uno, lo recuerdo muy bien, bebió al seco un vaso y pidió otro. Enseguida se las dio de galán con la promotora: "es que con el vino me dan ganas de invitarla a salir, señorita".

Ahora es bien difícil encontrarse con una promoción de vinagre en los pasillos de un supermercado. Así que cuando se tope con una de esas niñas de faldas diminutas destapando botellas de vino o ron, considere que se trata de una mínima expresión de la gratuidad. Si el estado de su sed le impide abstenerse, mantenga la compostura y agarre sólo una de las muestras médicas, no más. Si se le frunce una segunda pasada, puede verse comprometido a llevar una de las botellas que intentan venderle, para luego abandonarla en la góndola de los detergentes y jabones. Y eso, señor, es muy feo. Sea respetuoso con las damiselas que viven de la comisión por botella. ¡Vaya a bolsear a otro sitio!

# GRANDES MITOS Y FALACIAS DE LA BEBIDA
Religiosidad popular

MITO: *Persona o cosa a las que se atribuyen cualidades o excelencias que no tienen, o bien una realidad de la que carecen.*
Diccionario de la RAE.

Siempre me he resistido a las afirmaciones categóricas en torno a nuestra idiosincrasia, pero aquí debo sostener que Chile es un país de mitos. Y más todavía si estos mitos se hallan ligados a un quehacer tan arraigado en el alma nacional como la bebida. Las creencias relacionadas con el hábito de las botellas surgen de preferencia en los estratos sociales bajos, y paulatinamente son asimiladas por las demás clases, a veces como un folclorismo divertido, y otras porque efectivamente creen en ellos.

Al contrario de lo que podría pensarse, la supuesta *modernidá* que hoy nos embarga no ha servido para develar la ignorancia, sino para reforzarla. En cada una de las celebraciones etílicas del año, la televisión se encarga de encender las luces de madrugada en los mercados municipales, para legitimar la costumbre —porque eso es: costumbre— de los curaditos que acuden como corderos a curarse de los dolores de la caña. Como decía ese gran pensador contemporáneo, Garfield: si sale en la tele, es verdad. Entonces, cualquier sombra de duda sobre la efectividad de los mariscos para aliviar los temblores de la resaca se diluye, y la gallada concurre en pleno, quizás esperando un poquito de suerte para toparse con el móvil de prensa y brindar ante la cámara con una cerveza de medio litro.

Aquí presento una lista, por lo demás incompleta, de esas grandes mentiras a las que rendimos pleitesía, y de las cuales ni yo mismo me salvo, confieso.

## 1. El vodka no deja olor

Claro, uno o dos cortos de vodka no dejan olor perceptible en la boca. Se trata, pues, del más fino de los licores, y aunque uno sumerja la nariz en el vaso de vodka seco, apenas si halla un leve trazo de aroma a maíz. Eso para los nasales finos. Es decir, poquito.

Y al amparo de tal mito es que muchos bebedores aficionados creen que pueden apelar al vodka a fin de que, en la mañana siguiente, nadie les note las desgracias de la kurda. Se juran que pueden pasar colados. Mentira más grande.

Si hablamos de las grandes lides, de beber no sólo un par de copas de señorita de convento, no se ha inventado el licor que abandone nuestro cuerpo sin dejar huella. Un galón de vodka, por ejemplo, puede que no disperse ningún olor en su recipiente original, pero vaciado en las tripas de cualquier cristiano corroe los tejidos, mata los bichos infiltrados, hierve los restos de comidas, quema las paredes del intestino, brota burbujas en el caldo de las enzimas y, por tanto, provoca que el bebedor apeste como si hubiese estado bebiendo aguardiente de Linares, de quinta categoría y, más encima, adulterado.

Dato divertido: esa falacia del vodka inodoro la escuché tomando vodka con un comandante de la Armada, aquí en la Base Naval, gracias a mi clásica virtud de estar donde no me corresponde estar.

Ingerido en la proporción correcta —o sea, harto— el vodka sí deja olor.

### 2. Una cerveza bebida a cucharadas embriaga

Se trata de una de las falacias más antiguas, propia de los pendejos espinilludos en Enseñanza Media, que creían que si la polola bebía una Coca-Cola con una aspirina disuelta, fijo que se bajaba los calzones enseguida.

Es posible que, justamente, una quinceañera cabecee con un par de sorbos de pilsoca. Nada más. Pero un bebedor medio sabe que la cerveza no cura de ninguna forma, y en ninguna medida. Además, todavía no ha surgido el científico analfabeto que se dedique a investigar empíricamente si la cerveza servida a cucharadas emborracha más que la cerveza servida a la discreción de los buenos bebedores. Menos mal.

### 3. Hay que beber sólo pasado el mediodía

He aquí la más inmensa de las torpezas, como si uno debiese acomodar sus buenos y naturales hábitos a la aceptación social. Del mismo modo, un timorato de sotana podría intentar proscribir el sexo de la mañana —la bendita *mañanera*— y uno desperdiciaría con su chiquilla esa erección inercial de la amanecida, con la que solemos despertar.

Sépalo usted, señor, dos actividades del ser humano no pueden ni deben aceptar regímenes horarios o turnos: el sexo y la bebida.

Nada como un buen sudor de pieles a las nueve de la mañana, seguido de un *tonto amarillo* servido de boca a boca, escurrido por entre los pechos, recuperado en el ombligo, mezclado con los aceites naturales y goteado en los jugos de una buena mujer. No sé si me explico.

Y sin un amor a la mano, que suele suceder, qué cosa más rica que una cerveza tempranera, para abrir el apetito, para juntar fuerzas y salir de la cama a encender la parrilla y destapar los vinos de rigor.

El que crea que el beber acepta una tarjeta de control horario, o es militante de la juventud DC o nació sin ovarios o bolas —según corresponda— o no le gusta beber, simplemente, que es el pecado original.

En los bares irlandeses suelen colgar un gran reloj que tiene puros números cinco como indicadores de las horas. Abajo, un cartel que señala: permitido beber sólo pasadas las 5:00.

### 4. Las mujeres beben menos que los hombres

Claro, hay mujeres potijuntas, fruncidas, que creen fervientemente que el alcohol es dañino para la salud. O para la conservación de sus figuras esbeltas, lo que sería comprensible. Además, le habrán contado la falacia de que los hombres siempre desean embriagarlas, meterle copas hasta por las orejas, para que después se comporten con la mansedumbre de una borrega y entreguen la delicada flor de sus secretos. O sea, que se abran de piernas, digamos. Temores suyos que, justamente, suelen materializarse por la falta de práctica en el hábito de las copas: al otro día, ni les duele ni se acuerdan. Cuántas veces recuerdo haber aconsejado a la chiquilla de turno, para que comprenda los fundamentos sociales de la bebida, y que no siempre le sería posible andar tranquila y compuesta por la vida esgrimiendo la excusa de que *gracias, yo no bebo*.

Sin embargo, una buena mujer adiestrada de manera natural en estas lides, responde al menos con la misma maestría de un hombre. En numerosas oportunidades mi cuota era sobrepasada por mis amigas bravas con el vodka y las cervezas, hasta era secuestrado, obligado a embarcarme en chupatinas de madrugada con la Ximenita y la Tania, por ejemplo. En otras, la señorita del lado de allá del camastro transitorio, se lavaba el pelo en whisky en el momento en que yo sólo deseaba una pausa en todos los frentes de batalla, por favor.

En la universidad, a la mínima mención teórica del bebestible, saltan las niñas amantes de la piscola, con la cintura al aire de reglamento, y con esa ansia temeraria que contradice cualquier pretensión machista de colocarlas en el segundo escalafón del ranking.

Sin olvidar, por cierto, a mi querida Amelia Maira, en cuya casa he bebido los mejores y más extravagantes caldos de malta irlandeses. Yo, desde atrás, apenas marcando el paso, y ella radiante con el cañonazo largo de *tonto amarillo*. Qué envidia.

### 5. El pisco *sour* y/o la cerveza con limón curan el resfriado

Naturalmente, es una cuestión de fe, lo más cercano que puede llegar un buen bebedor a los asuntos ceremoniales o religiosos. Ningún estudio médico respalda la afirmación de que el pisco *sour* o la cerveza nos salvan del resfriado, aunque es sano para la mente creerse el cuento y panucarse unas pilsocas cuando uno anda tiritando por la gripe. O un buen *sour* que lo atonte todavía más y le avale un largo sueño. Es legítimo engañarse en pos de un cariñoso brebaje, piensa todo buen bebedor. Por eso, un resfrío en cualquier época del año se combate destapando botellas. Así, ante los ojos de los timoratos y abstemios, uno está bebiendo por su salud, literalmente.

## 6. El borracho siempre dice la verdad

*Demasiado vino ni guarda*
*secreto ni cumple palabra.*

El Quijote

*In vino veritas*, decían los romanos, en el vino está la verdad, lo que demuestra la antigüedad del mito. Y es más bien todo lo contrario: el alcohol potencia en los hombres el afán de fábula, la necesidad de explayarse en fantasías ignotas, contarlas a un público cautivo, actuarlas si es necesario, echar la talla, sacar cuentos de cada manga, impedir que otros interrumpan, y narrar, narrar. El individuo ebrio es un juglar destapado y si, por casualidad, deja escapar alguna sentencia que después comprobamos verdadera, es por el mero azar, o porque era parte articuladora de las mentiras. Al bebedor siempre le hace falta alguien que anote el tejido de sus invenciones, porque podrían convertirse fácilmente en exitosa novela al día siguiente. Pero no es así: la retórica del borracho se extravía en cuanto se duerme, y es imposible que después responda a uno solo de sus desvaríos.

La bebida desata tanto las mentiras como los talentos escondidos. El sujeto de pronto es cantor, poeta o payador. Mi noble y caballeroso amigo Alonso Benavides, por ejemplo, cada vez que se ha empinado el número exacto de piscolas comienza a improvisar versos en la métrica de los campesinos, con tal oficio que quienes no conocen esta faceta tienden a creer que su espectáculo es preparado.

Creer que un curadito dice la verdad, por último, es tan ingenuo como creer que los periodistas cuentan la verdad.

Una faceta derivada de esta falacia es creer que el curado conduce mejor su automóvil. No se trata de un mito chileno, sino de una simple torpeza nacional, y las páginas de crónica roja de cualquier periódico corroboran tales desgracias.

## 7. Los productos de mar ayudan a superar la resaca

Aquí estamos ante una cuestión más bien folclórica, que nos remite a los curaditos, los trasnochados y los fiesteros a las cinco de la madrugada en las cocinerías del mercado, solicitando con urgencia un plato caliente de mariscal, una paila marina, machas al pil pil, a la parmesana, en salsa verde, ostiones en sus conchas, jaibas en carapachos, o lo que a su merced se le antoje con ese mar pródigo en las cercanías. Tanto, que su presencia llega a incidir en la economía de los locatarios, siempre llorones ellos, perennes repetidores de que *la cosa está mala*, compungidos para la tele con que *la cosa está mala*, y peor si sus fieles beodos no concurren después de las Fiestas Patrias o el primero de enero.

Mentira, como dice el tango: todo es mentira.

El consumo de grandes volúmenes de alcohol debilita el cuerpo, puesto que se gastan energías en neutralizar los efectos de la bebida. Además, no olvidemos que el exagerado número de copas se acompaña de bailoteos, risotadas, histrionismos y malabarismos, o sudores de caballo y caballa en una cama de refugio transitorio. Sin olvidar el esfuerzo del trasnoche. Es decir, nuestra mecánica exigida al máximo. Al amanecer, lo que el cuerpo necesita con urgencia es alimento, no necesariamente un caldillo de congrio, una reineta a la plancha o media docena de empanadas de loco. Podría ser una sopa de ave, un vaso de leche tibia o lo que sea. Pero no, manda la costumbre de concurrir al mercado, quizás para salir en la tele con esa estampa como de vagabundo de ferrocarriles: desgarbado, ojeroso y polvoriento, cuchareando la paila de greda y bebiendo un blanco pipeño de Guarilihue.

Todo esto me dio hambre y sed. En fin, el mito de los productos del mar para componer la caña sustenta una industria cuyo motor es la resaca de la gente. Por eso hay tantos interesados en preservar la costumbre.

## 8. El gin provoca ceguera

Gin con gin, Tom Collins, Cuba libre, piscola, todos los tragos combinados propios de una juerga de empleados públicos la noche de un viernes. Días después se rememoran las hazañas, se exageran los litros bebidos y/o se inventan conquistas de féminas, cuando lo más probable es que se haya tratado de niñas del amor tarifado. En este panorama imaginario es cuando surgen mitos ridículos, como que el gin deja ciego a quien lo bebe en exceso. Bueno, si es un asunto de excesos, cualquier licor es peligroso, y la ceguera vendría siendo el daño colateral menos temido.

## 9. No se puede beber cuando se está consumiendo antibióticos

¡A la mierda los antibióticos!

# EL BEBEDOR CHILENO
# DE LA a A LA z

**A la vena**

Ingesta rápida de un trago muy fuerte, por lo que se dice que su efecto embriagador es inmediato, como si el alcohol fuese inyectado en las arterias del bebedor.

**A poto pelado**

Modo de beber el whisky puro, sin agua, sin hielo. El término jocoso es muy llamativo cuando uno pide el trago en un lugar público. También se aplica a otros licores.

**Adinosauriado**

Sujeto envalentonado por efecto de las copas, que se transforma desde una personalidad tímida e inadvertida, hacia una actitud temeraria y desafiante frente a los demás parroquianos de un bar, como si de pronto se convirtiera en un enorme *Tiranosaurius Rex*.

**Adivina**

El dicho completo es *me tomaría un adivina*, esgrimido por el bebedor en una casa ajena y con el que se invoca al buen criterio y la rapidez de reflejos del anfitrión. Este, de inmediato, comprenderá que su invitado no le solicita agua ni jugo de maracuyá en polvo, sino un **adivina**, que puede ser un generoso whisky o una copa de tinto. Ello de acuerdo a cuánto se conocen ambos. Obviamente, se corre el riesgo de que el anfitrión se pegue un desatino y nos agasaje con menta *frappée* o cola de mono. En tal caso, es tiempo de marcharse a un lugar más hospitalario.

**Agua al bote**
Se dice que a un bebedor le entró *agua al bote* cuando comienza a cruzar el umbral de la embriaguez, lo que se manifiesta en problemas de dicción o en la torpeza de sus movimientos y, por ejemplo, derrama su propio vaso en la mesa. A punto de hundirse, un bote con agua se torna muy pesado de manejar, y los remos pierden utilidad, tal como las extremidades superiores del sujeto afectado.

**Aguardiente**
Este destilado artesanal del orujo de las uvas, muy común en la Zona Central de Chile, es signo indesmentible de voto de pobreza, cuando no se dispone de recursos para premunirse de mejores bebestibles. Y es también una necesaria etapa que todo buen bebedor no puede soslayar: es la época en que uno bebe para retar a la muerte, cuando se combinan grapas y aguardientes con jugos en polvo, leche o lejía.

**Agüita**
Trago, potaje de alta gradación alcohólica, aunque no sea aguardiente. Es más bien un delicado eufemismo. Sinónimos: licorcito, licoreado.

**Al seco**
Imperiosa demanda para que un determinado bebedor ingiera la totalidad del alcohol contenido en una copa o un vaso. Solicitar que se beba un trago **al seco** es una costumbre arraigada entre los chilenos, una mezcla

de jolgorio, atrevimiento y generosidad, reflejados en esa vieja canción de fiestas y malones:
*Tómese esa copa, esa copa de vino.*
*Tómese esa copa, esa copa de vino.*
*Ya se la tomó.*
*Ya se la tomó.*
*Y ahora le toca al vecino.*

**Alcohol clínico**
En circunstancias extremas, es también un bebestible, al que algunos temerarios suelen disfrazarle el sabor a hospital mezclándolo con jugo de maracuyá en polvo. En los cerros de Talcahuano se bebe un *etílico sour*, sencilla imitación del insigne **pisco *sour***.

**Algo pa' la sed**
Especie de súplica por cualquier líquido que satisfaga la necesidad inmediata, y siempre que la respuesta sea un brebaje fermentado o destilado. Jamás leche, agua, limonada, gaseosa o sorbetes varios.

**Algo pa'l aprete**
En una jornada de libaciones amables, con vino o cerveza, llega un momento en que los bebedores manifiestan la necesidad de cambiarse a una bebida de mayor gradación alcohólica, como acto de fin de fiesta. En comparación a las comidas, es idéntico a cambiar la sopa por unas chuletas de cordero bien grasosas. Por esa similitud, también se dice: *algo que amojone*.

**Alto del crimen**
Gracioso juego de palabras a partir de la marca de pisco "Alto del Carmen", con el que se subraya que beber en exceso es un acto criminal, aunque no por ello evitado. Otra parodia menos difundida es la variante de la marca

"Artesanos de Cochiguaz", que suele derivar en *Cabrones de Cochiguaz*, cuando se le maldice en la mañana del día siguiente, en pleno estado de resaca.

**Ampolleta quemada**

En una mesa, cuando se ha vaciado la botella de vino, se dice **ampolleta quemada**, porque es necesario cambiarla por otra nueva. Nótese que la botella se asemeja al centro luminoso de una conversación. Generalmente, hay un encargado de acarrear las *ampolletas* nuevas, acción que se conoce como *apoyo logístico*.

**Andar botella**

Aquí se establece una relación con la bebida porque el sonido de la palabra *botado* —sinónimo de soledad y desamparo— es similar a *botella*. Es un dicho muy difundido en Chile, porque la arbitrariedad sonora que lo origina se complementa con los lazos de compañía y refugio cultivados por un hombre solitario con las botellas.

**Andar japy**

Término juvenil para el estado en que uno comienza a manifestar los primeros indicios de la embriaguez. Es una mixtura idiomática —en rigor: *andar happy*— que refleja los desórdenes provocados por la bebida. Sinónimo: *andar floreao*.

**Aperitivo**

Tipo de bebida que abre el apetito y despeja las vías intestinales, a fin de recibir las posteriores abundancias de comida y alcohol. El espectro para la selección de un aperitivo es tan amplio como la imaginación del buen bebedor, y la única norma relativamente universal es que debe tratarse de potajes fríos.

### Apocalíptico alcohólico

Dícese de aquel malón, carrete o farra en que la cantidad de bebidas alcohólicas es desmesurada, tan abundante que parece una señal del fin de los tiempos. Ello explica la posterior típica afirmación: *había trago como si el mundo se fuese a acabar.*

### Araña de parrón

Sujeto aficionado a la ingesta de vino, que recibe ese nombre por emular con su actitud la cercanía de los arácnidos habitantes de los parrones.

### Arreglar el pulso

Ingestión urgente de una mínima dosis de bebida a fin de aminorar o quitar el temblor en las manos, originado por un corte brusco en las libaciones. Por lo general, el pulso tembleque se expresa los lunes de fin de fiesta, luego de varios días dedicados a las botellas. Es típico que los maestros chasquillas y de la construcción, al comienzo de la semana, a eso de las diez de la mañana, requieran un vasito de vino —conocido como la **pituca**— para reponerse de las dolencias de la resaca. Un sinónimo: el *Parkinson*, aquel temblor de manos que impide hasta firmar un vale por el consumo.

### Arriba de la pelota

Estado de intemperancia que alude al escaso equilibrio y a la debilidad de piernas que evidencia un bebedor, similar al dificultoso acto malabarista de intentar subirse a una pelota y mantenerse por un período prolongado. Una instancia derivada es *ser el balón*, o sea, transformarse en el centro de mesa realizando payasadas y actos humillantes que al día siguiente, por supuesto, no podrá recordar.

**Asado de botellas**
 Aquel tipo de convite a una jornada en torno a la parrilla, en un patio asoleado y fresco, en el que hay mucha más provisión de botellas que carnes para el asado. Incluso puede que no haya carne ni carbón ni fósforos para encender el fuego.

**Bagazo**
 Compuesto de manzanas trituradas pasadas por la máquina de moler, y que se conservan en una canoa para luego ser exprimidas a fin de extraer el jugo que se convertirá en chicha. La oxidación de la manzana es muy rápida, su color blancuzco deriva pronto a pardo, y en dos días huele a alcoholes. Por esta razón, se dice que un sujeto es un **bagazo** cuando se embriaga con facilidad.

**Bajar botellas**
 Acción de beber. Se origina en que en ciertas cantinas no retiran las botellas vacías de la mesa, a fin de mantener una contabilidad indesmentible, y son los propios bebedores quienes las bajan al piso, para abrir espacio a las nuevas. También es un indicativo del acto de beber, o invitar a beber.

**Bajar un piso**
 Cada una de las circunferencias o meridianos del entretejido de la malla de plástico o mimbre en una garrafa, recibe el nombre de piso. Por tanto, **bajar un piso** es la acción de beber lo suficiente como para que el contenido de vino descienda de un nivel a otro. En el camino surge una expresión emparentada, como una alocución patriótica: *bajar al sótano*.

## Bajativo

Trago fuerte que se bebe al final de una jornada o de una opípara comida. El **bajativo** también indica un proceso largo, de finalidad incierta que —muchas veces— sólo culmina cuando ha llegado el momento de un nuevo aperitivo. Aclaremos aquí la preferencia de las señoritas por esos vinos dulces de cosecha tardía, como un tipo más amable de **bajativo**.

## Bajativo de la casa

Eufemismo con el que algunos restaurantes pretenden pasar por generosos e invitan el trago final *por cuenta de la casa*, que por lo general no es más que una manzanilla mezclada con algo de menta o aguardiente. Prescindible. Se recomienda robarse el vaso, a modo de represalia, tarea en la que me esmero desde hace años: poseo una vasta colección de vasos robados en los más diversos refectorios, comedores y tascas del país.

## Baldear las tripas

En la mesa de un bar, cuando es un solo bebedor el que está pagando todo el consumo, se dice que le *baldea las tripas* a sus interlocutores. Dicho de otro modo: les financia el vicio. Por tanto, se le confiere potestad sobre la conversación y se le celebran sus chistes y tallas, aunque carezcan de gracia. Es el precio justo por empiparse de manera gratuita.

## Baldear la cubierta

Acción matutina destinada a limpiar los estragos de la noche anterior con ingentes cantidades de agua mineral. Un buen bebedor es precavido y, aunque logre llegar a la cama apenas por navegación inercial, nunca olvida dejar apostada al alcance de la mano una botella de la indispensable Cachantún, con gas. También conocido como **regar las plantas** o **lavar la olla**, es el proceso de limpiar la boca con un poco de líquido no alcohólico (la mayoría de las veces con simple agua más hielo), antes de proceder a ingerir una cerveza o cualquiera de las preparaciones recomendadas para las horas matutinas. La razón estriba en dos hechos capitales. Uno, que el acto de libación debe producirse en circunstancias propicias para el paladeo, así que debemos mantener la boca limpia de cualquier resto de comida o dentífrico. Y dos, que tomar con los amigos no calma la sed, cuando se toma de verdad, sino que la deshidratación es mayor.

**Barra**

El sitio geográfico en que un buen bebedor lleva a cabo sus mayores hazañas, aquella superficie larga que delimita el área asignada al cantinero y que la separa del corral en que se citan los parroquianos. La **barra** clásica es de madera, impregnada con los alcoholes residuales, y tan firme que resiste los codos de varios ebrios adormilados sobre sus copones. La **barra** mantiene tantas cicatrices como las almas de quienes hemos permanecido jornadas completas de pie a su lado, es el monumento sagrado de nosotros sus peregrinos, casi como una animita a la que adherimos placas de agradecimiento por favores concedidos.

Acá en la ciudad, una **barra** de leyenda fue la del **Nuria**, una desaparecida cantina y refectorio a media cuadra de la plaza. Era de aluminio, como de un cuadro de Hopper, y siempre estuvo en decadencia y sus remaches a punto de reventar y desarmarse. Con mi fiel amigo Claudio Concha nos sentábamos en la parte curva, al final de la **barra**, pedíamos dos cervezas sin vaso y —las más de las veces— nos quedábamos callados por largo rato para apreciar el universo quieto del **Nuria** que jamás vimos evolucionar. Nunca nadie movió una mesa en el **Nuria**, ni cambió un cartel, ni borró el letrero en los vidrios en que se ofrecían chacareros y churrascos. Abajo, la pisadera de la **barra** acusaba los años, gastada hasta la mitad del fierro con tanta pata que llegó allí a usarla como estribo. Esas fueron nuestras patas en las noches en que llovía cuncunas y chancado para asfalto, cuando acarreábamos aquella existencia de chicle para refugiarnos más que sea un rato en la **barra** del **Nuria**, aun cuando nos retaban las señoras porque íbamos a puro beber cervezas y a *consumir*, nada.

**Bigoteado**
Pócima originada en la recolección de restos de vinos en los vasos de una cantina. El término también se usa de modo peyorativo para referirse a algún vino de calidad dudosa, o para denostar algún tipo de persona aficionada a los malos potajes.

**Blanquito**
Término afectivo para referirse al vino blanco. En las mañanas, es común que se solicite *un blanquito con ginger ale* como un bálsamo para un cuerpo herido. También, por la excesiva suavidad y falta de compromiso de este último, es conocido como *cacha floja*, en alusión a un acto sexual desganado o por obligación.

**Boliche**
Uno de los tantos nombres que se les da a las cantinas y restaurantes. La terminología es muy vasta y creativa porque la sola mención de un sitio de tales características suele ser mal vista en la sociedad, por eso se prefiere eufemismos, muchas veces cariñosos. Para el caso de **boliche**, el diccionario de la RAE especifica que se trata de locales de poca importancia, destinados al despacho y consumo de bebidas y comestibles.

### Bolsa de leche

Sujeto ebrio, en estado de intemperancia, lo que provoca imprecisiones en el movimiento del cuerpo, como si estuviese descoyuntado, de caminar tan poco firme que se asemeja al intento de parar una bolsa de leche sobre una mesa.

### Bomba

Indefinida y poderosa combinación de licores, sin que importe el sabor o el estilo, que resulta peligrosa y embriagadora instantánea para cualquier bebedor. Posee el carácter de ritual de iniciación, y se le obliga a probar a los bebedores noveles o abstemios, con el fin de gatillar en ellos un comportamiento ridículo y vergonzoso.

### Bombeado

Acción de beber en grandes cantidades, justamente como si se le estuviese suministrando el líquido al bebedor por medio de una motobomba. Existe otra acepción muy cercana, que nos remite a los sopletes de gásfiter, puesto que poseen una bomba de aire mediante la cual se sopla para aumentar la temperatura de oxidación de la mezcla, casi siempre de gas o bencina. Entonces, un individuo **bombeado** anda con la cara roja, como si le hubiesen inyectado aire caliente a presión.

### Borrachera

Consecuencia ineludible de la ingesta alcohólica, cuyas manifestaciones van desde la plácida somnolencia hasta la euforia desatada. Como señala Luis López-Aliaga en sus "Apuntes paganos para ser leídos de un solo trago":

*La borrachera es, al menos en sus resultados últimos, un fenómeno esencialmente democrático.*

En el universo de los bebedores, la **borrachera** es el agujero negro del que nadie puede escapar, instancia en la que el cuerpo —particularmente las vísceras— actúa de manera independiente y, por lo demás, vergonzosa.

**Borra'o**
Bebedor en un estado tal de embriaguez que pierde la memoria, y al día siguiente no recuerda las maldiciones que profirió, los amores que declaró, las promesas que juramentó o —incluso— los cheques que giró a cuenta de un consumo desmedido.

**Botellazo**
Vocablo nuevo, proveniente de España, que describe el fenómeno social de las tomatinas callejeras y el posterior rastro de montañas de basura: envases de vidrio, cajas de vino y otros. Cerca de los centros universitarios, la huella del **botellazo** cada sábado o domingo por la mañana, sólo es comparable a los residuos posteriores a *Los funerales de la Mama Grande*, de Gabriel García Márquez. Así también a la salida de espectáculos masivos.

**Botón de reset**
Medida desesperada consistente en la introducción del dedo en la boca, profundamente, a fin de provocar un reflujo estomacal y con ello aliviar de manera momentánea los padecimientos de un bebedor. El nombre pertenece a la jerga de la computación, en que apretar el **botón de reset** es el último recurso en un aparato que se ha trabado y cuyos mandos ya no responden.

**Bronceado de cantina**
Aspecto físico acusatorio de un bebedor, con el que no puede desmentir su hábito: el rostro rojo pardo y sudoroso.

## Bronquitis

Supuesto malestar de salud padecido por la esposa u otros familiares del bebedor, debido al enojo que este les provoca al regresar ebrio al hogar. Entonces, al día siguiente, el individuo acusa ante sus pares y amigos que *en casa están todos con* **bronquitis**. Cuando es interrogado, el bebedor explica que, claro, es **bronquitis** por *la tremenda bronca* que le tienen debido al persistente hábito de las botellas.

## Bulto

Ebrio incapaz de moverse por sí mismo, que debe ser transportado solidariamente por sus amigos, como si fuese un equipaje. En varias instancias como esta, el bebedor se ve obligado a depender del entorno, de elementos externos, para su supervivencia. Moraleja: es más sano beber en compañía.

## Cabernet subidón

Nombre jocoso para los vinos de mala calidad que se expenden en *bidones* de plástico, envase que ha reemplazado en gran parte a la damajuana. Llamarlos así denota ironía en los bebedores, pues se le adjudica una denominación elegante y compleja a un humilde mosto, como si se tratara de una nueva cepa francesa: *su-bidón*.

## Cabezón

Dícese de un vino o trago excesivamente fuerte o embriagador. Para el caso de los segundos, un sinónimo es: **aguachento**, por el color que adquiere, por ejemplo, una piscola cargada más al pisco que a la Coca-Cola, teñida con un tinte como de tecito de ancianos.

**Cacho**
Extremidad de la cornamenta de un animal, generalmente vacuno, que sirve como vaso para beber. Es una ancestral costumbre de la humanidad, y posee numerosas connotaciones. En el campo, preferir un **cacho** a un vaso de vidrio se asocia al compañerismo y virilidad de los hombres, y más si se cuenta con uno solo de esos adminículos para que circule entre los amigos. Además, obliga a beber con ritmo y rapidez, porque no se puede retener ni devolver el cacho medio lleno. El cacho también adquiere simbolismo en la preservación de la democracia, cuando el día de la parada militar el Presidente de la República recibe la *chicha en cacho*, traída por un montón de huasos pitucos, conservadores, apatronados y más falsos que una moneda de chocolate.

**Caído al litro, caído al frasco**
Dícese de aquella persona cuya voluntad ha sido vulnerada por el hábito de la bebida, es decir, que bebe tanto que su vida está supeditada a las botellas. En ambas variantes se intenta establecer que el individuo ha sucumbido al envase de bebestible, y que se encuentra en su interior: frasco, o litro, puesto que también así nos referimos al vino. Es una expresión peyorativa, enunciada por lo general en ausencia del afectado: *fulano está caído al litro*.

**Calentarse la jeta**
Dícese de aquel triunfo de la tentación por sobre la voluntad del bebedor, en el que la ingestión de unos sorbos de alcohol lo gatilla de tal manera que no es capaz de detener la libación. Este síndrome es común en los bebedores **chantados**, o en los que —por causa de algún problema de salud— han reducido la cantidad de copas a un mínimo aceptable.

### Callampeao
Trago de alta gradación que apela a la virilidad de los bebedores para enfrentarlo. Es obvia la alusión al órgano genital masculino, como si los hombres lo colocasen sobre la mesa para brindar con él en la mano.

### Cantina
Por antonomasia, aquel puesto público en que se expenden bebidas alcohólicas, y cuyo nombre ha derivado a una connotación negativa en la sociedad, producto de la aparición de denominaciones siúticas o extranjerizantes, por culpa de arribistas y nuevos ricos chilenos. Verbigracia: *pub*. Consigno que en Talcahuano existía la **cantina** con el más bello de los nombres, se llamaba *La Felicidad*. Y aquí en la ciudad, en la calle Los Carreras hubo una que agotó la imaginería de su dueño, quien la bautizó como *La Cantina*.

### Caña
Clásico vaso de vidrio tosco que constituye la más acostumbrada medida de vino servido a granel. Se construye en base a una botella de pisco de ¾ partida por la mitad, mediante el corte con un fierro caliente en forma de aro, y con los bordes del vidrio cuidadosamente biselados. También, *andar con la caña* es sinónimo de una resaca evidente. Otro de uso común: *cañifla*.

### Capilla 'e campo
Nombre que se le da a la cantina, porque la mayoría de las veces son pequeñas, oscuras y se ubican en lugares apartados. Además, porque, tal como las capillas, se encuentran regadas por todo Chile.

**Caramayola**
Botella de vino chata y redonda con forma de cantimplora. De hecho, su nombre significa eso. Sólo una viña en Chile todavía mantiene este envase característico. La palabra siempre me ha dado vueltas en la cabeza, razón por la que, entre mis apuntes de ocioso, hallé este boceto acerca de los tamaños y formas de las botellas chilenas, como preludio para un estudio sociológico acerca de la incidencia estructural de las botellas en la civilización:

*Mi amigo Carlos Godoyowski se casó por amor, eso me lo aseguró el día de la boda. Cuando apenas eran novios, decía que su mujer lucía como una botella de Late Harvest, de Concha y Toro. Más tarde, cuando nos encontramos en un seminario sobre Ingeniería Civil Castellana, en Santiago, me dijo al oído que su mujer parecía una botella de Tarapacá, Gran Reserva. Me mostró una foto para corroborarlo. Sin embargo, hace unos días me encontré con Godoyowski y su señora, caminando por la calle Diagonal. Sin que el amigo Carlos me dijese algo, confieso que su mujer me pareció el retrato corpóreo de una* **caramayola** *de Undurraga, pinot.*

**Carrete**
Palabra surgida en la década de los ochenta, y que aglutina todo tipo de fiesta, manifestaciones y estados de alegría. Antiguamente se hablaba de malones, ¡o convivencias!, siempre circunscritos a horas nocturnas. El **carrete**, en cambio, es expresión universal no circunscrita a horarios o escenarios. Otras voces no han adquirido tanta preponderancia, y se mantienen sólo por su carácter gracioso, anacrónico o irreverente, como: jarana, fiestuza, jaleo.

**Cartoné**
Denominación irónica otorgada a un vino barato en caja —es decir, en cartón— a fin de que suene como de noble origen francés en contraposición a su naturaleza

plebeya. Es común que el dueño de casa compre un **ladrillo** y traspase su contenido a una botella de lustrosa etiqueta, confiado en que sus visitas no se percatarán del engaño. Es una trampa muy ilustrativa del arribismo de los nuevos tiempos en Chile, en que la moda dicta simular conocimientos de enología, y gastar de vez en cuando diez mil pesos en una botella de tinto aun cuando los paladares aficionados no sepan distinguirla del peor **bigoteado** de cantina.

### Catamarán

Acto de raigambre circense que consiste en introducirse en la boca, al mismo tiempo, los cuellos de una botella de pisco y una de Cola Cola, para luego empinarse ambas, de suerte que llegue a la garganta del bebedor una **piscola** perfectamente combinada.

### Cementerio

Lugar donde se depositan los envases vacíos de bebestible, muy común en los departamentos de estudiantes. De ello deriva el dicho de *acompañar botellas al cementerio*, para referirse a la acción de libar.

### Chaleco 'e mimbre

Sinécdoque para referirse a un bebedor consuetudinario y así emularlo con una damajuana, cuyo canasto contenedor de mimbre se asemeja a un chaleco tejido. Esta denominación también alude a las fragancias del sujeto, puesto que el mimbre absorbe los mostos y la damajuana siempre huele a vino, aun cuando se halle vacía.

### Chambreado

Bebedor que sufre de un alza de temperatura corporal, producto de la ingesta, y se torna rojizo, con sudor abundante y muy visible. Obviamente, se establece una relación de igualdad con el **chambreado** previo de los vinos tintos. O más bien con la exageración chilensis de colocar las botellas cerca del fuego, o al sol, donde se calientan casi hasta hervir su contenido.

**Champañazo**
Acción de abrir una botella de champaña, y cuyo significado se extiende a una celebración o agasajo. Es tradicional en las oficinas, por ejemplo, para chuparle medias al jefe en el día de su cumpleaños. El **champañazo** siempre demanda una postura corporal rígida, sonrisa de maqueta, una mano atrás en la cintura y la otra sosteniendo la copa de espumante. Se recomienda llevar en la memoria un par de chistes de escasa gracia, más que sea, para intervenir y romper el silencio abrumador. El otro **champañazo** clásico —del que he sido tantas veces testigo— se origina luego de un examen de grado para optar al título de periodista, aunque el analfabeto de turno haya aprobado con un 4.0 arrastrado, y en rigor no sea ético el festejo.

**Chantado**
Individuo que ha detenido la constante ingesta alcohólica, por problemas de salud o porque adquirió de pronto la conciencia de su estado. Es típico de los maestros de la construcción, que luego de tres o cuatro meses de borrachera *se chantan* por un tiempo. Todo el mundo sabe que es sólo una pausa, un período pasajero, y que volverán a su hábito indefectiblemente. Sinónimo que es un juego de palabras: *chantilly*. Y otro, que alude a la jerga del automovilismo: *estar en pitts*. Uno nuevo, que proviene de la intromisión de los computadores notebook: *andar con la pila*.

### Chato
Estado de rebosante satisfacción alcanzado por un bebedor cuando ha ingerido todo lo que le permite su cuerpo, y procede a negarse ante el ofrecimiento de la siguiente ronda. El dicho completo es *estoy chato*.

### Chela, cheluca
Denominaciones afectivas de la cerveza. Proviene de México, país de gran tradición cervecera aparte de la mitología del tequila y el mezcal que todos conocemos. También se le utiliza en Bolivia, junto con el festivo apelativo de *la rubia que nunca engaña*.

### Chicha fresca
Sujeto que permanentemente coquetea con mujeres, aunque sean desconocidas o las novias o esposas de sus amigos. Se asocia su comportamiento al picor y efervescencia de la chicha en su estado primigenio, en proceso de fermentar.

### Chupa
Acción de beber de modo directo al pie de la pipa o tonel de vino, mediante una sencilla manguera conectada al recipiente y valiéndose de la ley física de los vasos comunicantes. Sinónimos: *chupar, chupeta*.

### Chupacandados
Sujeto muy urgido por beber, que se mantiene afuera del bar o cantina, para esperar el momento en que comiencen a atender público. Por eso se dice que espera chupando el candado de la cortina o la puerta del local.

### Clandestino
Local de expendio de bebidas alcohólicas no establecido legalmente. Es decir, no paga impuesto ni posee el

visto bueno del servicio de salud respectivo. Mucho menos, el consentimiento de la junta de vecinos. Los **clandestinos** son preferibles porque obviamente el alcohol es más barato, y en ciertas zonas se precian de abastecerse de excelentes pipeños. Cuando uno de estos clandestinos permanece abierto durante toda la noche, se le llama *farmacia de turno*. En los bebedores viejos es común la creencia de que uno debe vivir siempre cerca de un hospital, una funeraria y un **clandestino**.

**Cocido**

Sujeto ebrio. Un origen probable es el aspecto rojo y sudoroso de los borrachos, similar al de los crustáceos *cocidos* a la olla. También se relaciona con la temperatura, siempre alta en los bebedores, y con el olor que emana de los primeros hervores de una gallina presta a ser desplumada.

**Cóctel**

Dícese de un hecho puntual en que una persona o institución se ve obligada a lavar las tripas con líquido y sólido a un grupo mayor de personas. Un cóctel puede ser apoteósico, con baños de caviar y jamón serrano, botellas de **tonto amarillo** cada medio metro y odaliscas desnudas amenazando con sus vientres sobre las mesas. Un bebedor de cóctel debe estudiar el terreno, debe descubrir de dónde provendrán las bandejas y cuál será su flujo. Luego se ubicará en un lugar estratégico como para servir de puesto de peaje a cuanto anticucho o Martini ruede entre los bloques de energúmenos, pero nunca con ojos y alas de buitre, sino con una estudiada rutina en la que parezca natural sustraer una empanadilla de queso, un vino blanco, un whisky *sour* o un Tío Pepe. Si el garzón descubre el pauperrimaje del invitado, estamos mal y todo se pierde. La actitud de poderoso es lo más importante. Una estrategia anexa es la actuación en grupo, con la complicidad de otros que se ubiquen de espalda al tránsito de los garzones y, ante una señal acordada, se abran de manera descuidadamente planificada y encierren al portador de la comida y el trago como una mosca en una planta carnívora. Es infalible, garantizado.

**Combinado**
Cualquier mezcla de un solo licor con una bebida gaseosa. De ellos, el más conocido es la **piscola**, llamada *el trago de las putas*. Otro, el *Cuba libre*, posee connotaciones políticas y en el sur de Chile se le llama también *mentirita*, porque no es cierto que Cuba sea libre. Otra acepción, el *combinado nacional*, indica una mezcla de cualquier gaseosa con licores originarios de otras partes del mundo pero fabricados en Chile. "¿Va a querer la whiscola con whisky nacional o importado?", suele preguntar el barman. Las resacas producto del *combinado nacional* se cuentan entre las peores del mundo. El *combinado* es la opción de los que se quedaron a medio camino en la pirámide de la bebida, sin posibilidad de ascenso.

**Como coipo**
Estado de intemperancia de un sujeto, debido a que su aspecto nos recuerda a estos roedores de hábitos acuáticos cuando salen estilando del agua, tal como un ebrio estila sudor.

**Como diuca**
Estado de indefensión de un bebedor, similar a esos pequeños pájaros que caen abrumados por las lluvias tardías de la primavera.

### Como pico

Dícese de una persona muy ebria. El origen de la acepción es incierto, y tal vez sólo se deba a la idea de relacionar la embriaguez con el órgano genital masculino en estado fláccido, arrugado, peludo y hediondo, imposible de mantenerse erguido. Un preciso eufemismo, para situaciones en que no corresponde el uso de este calificativo que podría considerarse grosero, es señalar que el sujeto se encuentra con *daño neurológico irreparable*. Otro, que recoge una idea similar: *está pa' la Teletón*.

### Como tagua

Desde la Décima Región al sur, se le llama *tagua* a cada uno de los rebotes de una piedra lanzada a la superficie de un lago o río (también conocidos como patitos). Se dice que un sujeto está ebrio **como tagua** cuando camina dando trastabillas pero sin caerse, como si rebotara en el suelo y agarrase impulso para seguir caminando.

### Como zapato

El dicho entero es *curado como zapato*. Alude a una persona extremadamente ebria, y se relaciona con el estado en que termina un zapato luego de una larga caminata: blando, maloliente y empolvado.

Otras expresiones con la misma estructura gramatical, ninguna de ellas posee un origen o explicación claros:

— Como huasca.
— Como piure.
— Como choro.
— Como tagua.
— Como piojo.
— Como manga.
— Como pirgua.
— Como chupete.

## Copeo

Acción de beber. Término con el que se denomina la libación en círculos castrenses. Se cuenta que, en 1934, después de la muerte del sargento mayor don Alcibíades Núñez, quien combatió en la Guerra del 79, se halló en su faltriquera un apunte de los grados o etapas progresivas de la celebración militar. Dice:
1. Gran copeo o copeo formal.
2. Sobre copeo a discreción.
3. Exaltación de la amistad y la camaradería.
4. Brindis por las Glorias Nacionales y por el Mando.
5. Sobre copeo.
6. Himnos militares y cantos regionales.
7. Nuevo copeo.
8. Insultos al clero y a las autoridades establecidas.
9. Copeo de relleno.
10. Críticas al rancho y al Mando.
11. Copeo completo de las existencias del parque etílico.
12. Desfile y quema del inmueble.

## Copete

Antigua denominación de las bebidas alcohólicas. Se cree que deriva de la palabra copa, utensilio traído por los primeros españoles a América. La utilización del término **copete** es amplia, tanto para referirse a porciones de vinos o licores. El diminutivo *copetillo* también se usa de modo universal.

## Copeticidio

Intento de vulnerar la resistencia de una persona, casi siempre un advenedizo en las leyes del alcohol, mediante porciones recargadas de bebida. Sin embargo, consigno que he escuchado una versión radicalmente distinta, donde el **copeticidio** es un acto voluntario de embriagarse con rapidez, para lo que se recurre a líquidos endemoniados.

**Cosita, cosiaco**
Trago generalizado. El diminutivo, como se ve, es recurrente en la jerga de los bebedores, así como la intención de disfrazar la peligrosidad de las bebidas.

**Cuánto se debe**
Primeras palabras que salen de la boca de un bebedor, una vez que lo han despertado en el bar, mientras busca su billetera en los bolsillos e intenta calcular en qué lugar del mundo se encuentra. Es la frase corolario de una larga noche de trifulca y botellas.

**Cufifo**
Sujeto algo pasado de copas, estado que se manifiesta por una mala pronunciación de las palabras. En contraposición, al **cufifo** le surge la necesidad irrefrenable de comunicarse, hablar, incluso de discursear, con lo que su dificultad lingüística queda todavía más en evidencia.

**Cunetear**
Tal como los vehículos cuyos neumáticos se enredan en las cunetas de la calle, para el caso de las personas es el acto de caer en la vereda, atrapados los pies en cualquier obstáculo, por problemas motores y de equilibrio debidos a la ingesta de botellas.

**Curadito**
Personaje folclórico chileno, estampa indiscutida de las Fiestas Patrias, es aquel sujeto de extracción humilde que vive dentro de una botella, literalmente. Su presencia en las calles, botado, durmiendo la resaca de mostos venenosos, nos recuerda el lado no romántico ni heroico de la bebida.

### Curahuilla o curagüilla

Bebedor excesivo o reconocido por su hábito. Pero a la vez puede referirse a un tipo de bebedor cuya resistencia al alcohol ha sido minada por los excesos en la vida. Para este último caso, un equivalente es *tener la sopaipilla pasada*. La principal característica de un **curagüilla** es que no constituye un peligro para nadie, por lo que se le trata despectivamente. Si su forma de ser fuese más notoria, estaríamos ante un *güeón choro*, sujeto peligroso ubicado en las antípodas del comportamiento apacible.

### Dando jugo

Breve etapa de embriaguez en un individuo, en la que se manifiesta feliz, amistoso y acertado con los chistes, capaz de realizar cualquier peripecia a fin de obtener la sonrisa y el aplauso de sus congéneres.

### Darse

Acción de beber en gran cantidad, y que apela a una alegoría religiosa —*hay que darse hasta que duela*— recordando las raíces espirituales de la bebida. Una hipérbole que surge de esta palabra es *darse con un fierro*.

### Decilitro

Medida extremadamente precisa, propia del sistema métrico decimal, utilizada en bares de prestigio para servir una porción de licor. En el resto, en cantinas miserables, sólo funciona el *ojógrafo*, el *dedóscopo* o el intangible *cariño del dueño*.

### Déjenme aquí

Poderoso enunciado de un bebedor proferido hacia el final de una jornada de copas. En el momento en que un buen samaritano reparte en vehículo a los sujetos en estado de total ebriedad, el bebedor se siente seguro de sí mismo y de su orientación, por lo que urge para que lo dejen en cualquier sitio, aun alejado de su casa. Probablemente, a fin de enseguida regresar al bar.

**Del malo**
　Forma breve y precisa para designar un licor o mosto de calidad reprobable. Señalar que se ha bebido **del malo** conlleva una evidente carga culpógena que, además, se manifestará en problemas puntuales de salud: cólicos, empachos, diarrea, etc.

**Descorche**
　Acción de destapar una botella de vino, pero también alude al sonido del descorche, *música* con la que muchos quisieran ser enterrados. Un sinónimo muy poético es *sacarle el viento*. Y otro sonidillo agradable, hijo de la modernidad, es el *shii psclic* que emite una lata cervecera cuando es abierta.
　Mi amigo **Alfredo Barría** agregó un sonido más a la bullanguería de las botellas. Ocurre que siempre portaba en su automóvil un *cooler* repleto de los más variados vinos y licores. Siempre. Ello bajo la premisa de que nunca se sabe en qué momento uno podría varar en un páramo seco, o en un refugio de abstemios, por lo que debemos ser precavidos, me decía. Entonces, conduciendo su Chrysler, cada vez que mi amigo se detenía en una esquina o aceleraba en la autopista, desde su portamaletas escapaba un cloqueo de huesos, un cascabel gigante producto del tumulto de botellas chocando entre sí.

**Despertar al león**
　Dar de beber a un sujeto que es pacífico y amable en su estado de temperancia, pero que se transforma en una fiera con unas copas en el cuerpo. Es uno de los efectos secundarios más desagradables del alcohol. No obstante,

dicho efecto puede adquirir un carácter positivo, pues el bebedor menos agresivo transmuta desde una timidez de monje a la pericia de bailarín avezado, o de payaso rey de la noche.

**Distorsión**
Conjunto de pruebas de osadía realizadas por un bebedor, cuyo arrojo es potenciado por el alcohol, con el objetivo de buscar un lucimiento personal entre los parroquianos. Por ejemplo: apagarse cigarros en la lengua, saltar desde el segundo piso, o jugar frisby con platos. En mi época de residente del hogar universitario, la **distorsión** habitual era lanzar al techo las tazas del desayuno, con la idea de que tocasen el cielo y regresasen intactas a las manos. Al final de la jornada, barríamos el piso para retirar los restos de loza.

**Doce apóstoles**
Esta denominación bíblica es muy común entre los estudiantes de Ingeniería, y se define como el conjunto ideal de botellas cerveceras de litro para tres bebedores. Es decir: cuatro por unidad. Luego, cuando los amigos deciden cortar la ingesta de un líquido tan diurético, la botella de ron o pisco que soliciten recibe el nombre de *El Mesías*, puesto que viene con los **doce apóstoles**.

**Dónde firmo**
Súplica emitida por un bebedor cuando va saliendo de los peores efectos de una resaca matutina, y pretende comprometerse ante notario de que nunca más volverá a ingerir alcohol. Por cierto, aunque llegara a firmar un papel, jamás honraría el compromiso adquirido. Se trata sólo de un arrebato pasajero, acentuado porque justo a esa hora —en el regreso a casa— comienzan a abrir las notarías.

**Dragón**
Aliento de un bebedor, que evidencia su estado. Sinónimos: *tufo*, *bocaná*. El **dragón** es el estandarte de los buenos bebedores, el olor en avanzada con el que un individuo no puede negar su hábito. También es considerado el peor efecto secundario, y razón suficiente como para reprimir el deseo de ingesta, puesto que la sociedad discrimina a las gentes que evidencien un fuerte **dragón** —es decir, que anden pasados a trago—, y se ha sabido de casos en que se despide a individuos de sus empleos por presentarse con el fuego ardiente en la boca. Para situaciones así, todavía esperamos un pronunciamiento claro, tanto de la CUT como del Ministerio del Trabajo.

**El airecito**
Conocido también como *viento fresco*, es el temible efecto físico en el cuerpo de los bebedores originado por el cambio de temperatura: desde el interior cálido en que se está bebiendo, hacia un exterior helado, generalmente de madrugada. Con ello, y de manera automática, parecieran multiplicarse las copas y botellas ingeridas. Encuentro una explicación de tal fenómeno en el apéndice del curioso libro "Al cateo de la laucha", de mi buen amigo Claudio Concha Avello. Con una claridad científica, dice:

*Una de las condiciones para la borrachera es que el alcohol, a través de la sangre, llegue al cerebro. El cuerpo posee, a la vez, varios sistemas de control de desechos. Dentro de estos, el hígado, los riñones y la piel son los más importantes para mantener a un hombre sobrio. El hígado es el basurero del cuerpo: toda la ingesta alcohólica pasa por él, sintetizando azúcares y grasas desde el alcohol. Llegado el momento, es superado por la ingesta, y el nivel de alcohol en la sangre comienza a subir.*

*Por otra parte, los riñones y la piel comienzan a botar, bajo la forma de orina, calor y sudor, el exceso de líquido. Cuando el borracho de marras sale al aire frío de la noche y sin abrigo, se produce una vasoconstricción de los emisores de la piel, y una restricción de las emisiones de orina, por lo que la concentración de copete en la sangre comienza a aumentar, dando esa sensación de estar más ebrio en el* outdoor *que en el* indoor.

**El andavete**

Una de las formas de referirse al último trago que se sirve el bebedor en una jornada larga de copas, suponiendo que posteriormente se retirará del establecimiento u hogar que lo acoge. O sea: *anda, vete*. Sin embargo, sabemos que el último trago no existe, porque le siguen en cadena los otros, llamados:
— el fin de fiesta,
— el cambio de giro,
— fin de las transmisiones,
— el *let's go*,
— la liquidación por cambio de estación,
— el botón de rosa,
— el *répétez encore une fois*,
— la escena final,
— el del estribo,
— la última presentación de la compañía y se cierra el telón,
— el último *last one* (nótese la redundancia, propia del sujeto que pretende dominar dos idiomas).

Pillo como es, el buen bebedor no tendrá dificultades para una excusa a fin de que la compañía inicie una nueva gira, y se repita el ciclo interminable.

**El botaportones**
Vino de mala calidad, que suele expenderse a granel y a muy bajo precio la caña, en cantinas y clandestinos de la periferia. El nombre lo recibe puesto que el sujeto regresa a la casa afirmándose en murallas, cercas y portones, y muchos de ellos caen por el peso muerto del bebedor.

**El enemigo**
Dícese de aquella persona que impide o dificulta la misión del buen bebedor. Por lo general, para los mayores, es la esposa o la suegra. También puede tratarse de un médico apocalíptico que amenaza con los peores males, cardíacos o similares, si levantamos una copa más. En casos en que no se pueda evitar que estos personajes acompañen al bebedor en sus rondas, de él se dice que *anda confraternizando con el enemigo*.

**El gloriado**
Vino o trago que se ingiere en conmemoración de algún difunto, ya sea en el respectivo velorio o en posteriores aniversarios del deceso. Las instancias de la muerte son siempre propicias para las buenas libaciones.

**El indio**
Manifestación primitiva surgida en un individuo por los efectos del alcohol, y sin que tenga costumbre de beber. Se trata de un epíteto de notorio contenido racista, puesto que sostiene que la raíz de sangre indígena, que todos llevamos, es la que explica ciertas actitudes y comportamientos sorpresivos y reprobables. El dicho completo para referirse a una determinada persona es: *ya le salió el indio*.

## El maldito

Denominación que se le da a cualquier tipo de bebestible cuando, producto de su ingesta, se abandonan las responsabilidades o se cometen actos reprobables y reñidos con la moral judeocristiana. El término se origina en el dialecto de los periódicos populares, en que se habla frecuentemente del **maldito** como causante de riñas con resultado de muerte.

## El otro

Su significado no es tan obvio como parece, pues *el otro* se refiere más bien a la continuidad en el beber, ya que un trago en la mesa nunca es el último, sino que siempre se espera que venga *el otro*, y así. Un término parecido es *the last one* —bien inglés la cosa—, que también posee un ardid para transformar en eterna la pedida al garzón, pues luego se le solicita *el último last one*, aunque se descuadren las gramáticas inglesas y castellana. Y así.

## El que está al arco

Nombre que recibe la persona que se encuentra más cerca de las botellas y pertrechos afines, tanto en una fiesta como en una larga mesa de bebedores en un bar. Los demás individuos le confieren la delicada misión de aprovisionar permanentemente los vasos o copas, cuando comiencen a vaciarse, tarea que le significará numerosas interrupciones a su propia libación. El apodo viene de la costumbre escolar de colocar en el arco al muchacho sin talento para la pelota, para que así al menos sirva para algo.

## El sol

Sujeto que sólo aparece por la casa en las mañanas. Apodo propio de los bebedores continuos y farreros, en permanente pugna con su esposa.

## El tonto, el tontito
Trago en general. Recoge la idea de que el alcohol puede parecernos un líquido inofensivo, o *tonto*, aunque en realidad nunca lo es, sólo disimula bien sus armas.

## Echarle bencina al farol
Acto de beber, o de invitar a beber. La metáfora se entiende porque se relaciona al alcohol con un combustible que mantiene funcionando a un bebedor, cual si fuese una máquina. Del mismo modo, entonces, la bencina mantiene encendida la luz de un farol.

## Elías Figueroa
El nombre y apellido del más famoso defensa del fútbol chileno, lo recibe quien insiste en acompañar al buen bebedor en su ronda nocturna. Por lo general, es la polola, la novia o la esposa. Recordemos cuán implacable era Don Elías con los atacantes del equipo adversario: no los dejaba solos y anulaba cualquier iniciativa de juego individual o colectivo. Una frase equivalente es *andar con la marca*. Y otra resume el espíritu metafísico de los hombres: *cada cual tiene su propio Elías Figueroa*.

## Empinar del codo
La más simbólica manera de referirse al acto de beber, esto es, mediante la descripción del movimiento de curvatura efectuado por el brazo completo para aproximar la copa o la botella desde la mesa a la boca. Aquel arco forma parte del lenguaje universal de las señas, para indicar, por ejemplo, que estamos invitando a beber unas copas. O que un determinado sujeto ha llegado a la oficina o la sala de clases con varias botellas en el cuerpo. El gesto es tan ilustrativo, que ha evolucionado a su mínima expresión, y es todavía comprensible. De este modo, la mano muy cerca de la boca, con los dedos pulgar y meñique

abiertos, y a veces un corto vaivén, nos remiten al acto de beber.

**Endieciochado**

Sujeto que ha estado bebiendo por varios días, sin que obligadamente se trate del período de Fiestas Patrias. Puede ser incluso una filosofía para enfrentar los embates del tráfago cotidiano, o —en el caso de los estudiantes universitarios— una manera de presentarse al examen más relajados y seguros de sí mismos.

**Engañando las baldosas**

Referencia al andar dubitativo de un bebedor ebrio, como si caminase por un suelo de baldosas y estuviese tratando de no pisar algunas de ellas. O como si jugase al luche.

**Enguindao, murtillao**

Serie extensa de licorcitos fabricados en función de frutos del bosque y aguardiente de uva, muy populares en las zonas rurales del sur de Chile. Un pariente cercano es el *apiao*, en base a las ramas tiernas del apio. Aquí entra en juego el mito de la receta familiar, porque, como ocurre con otras producciones caseras, todas se vanaglorian de poseer el mejor licor tradicional en la familia. Si nos vemos obligados a emitir un juicio acerca del trago que nos sirven, se recomienda otorgar la razón y no entrar a discutir la superioridad del potaje.

**Enhebrado**

Sujeto que se encuentra en el límite de la temperancia y está a punto de embriagarse. Alude al enhebrado de una prenda de vestir, paso previo para que sea cosida. Es pertinente acotar que las voces *cocido* y *cosido* se aplican por igual como sinónimos del estado de intemperancia.

### Entre pera y bigote

Se alude a la boca como una descripción geográfica del cuerpo, en donde se van a depositar los mostos y destilados varios. *Ponerle entre pera y bigote* es una referencia poética al acto de beber, y se acompaña con el gesto de la mano en escuadra simulando un vaso que se acerca a la boca.

### Escorado

Bebedor herido de muerte por la cadencia de botellas, debido a lo cual se inclina o *se escora* peligrosamente hacia babor o estribor. De pronto, el **escorado** descubre que es enemigo de los muebles, los postes y árboles, porque todos quieren chocar con él, o interponerse en su camino.

### Escudito

Generalización de la cerveza a partir de la marca de preferencia indiscutida por los buenos bebedores.

### Espeso

Cualidad de un brebaje combinado con una proporción desequilibrada entre la gaseosa y el alcohol, en el que este último alcanza un alto porcentaje. Nótese cómo esta palabra nos transfiere al mundo de la cocinería y repostería. También nos recuerda el ulpo, aquel alimento **espeso** para los infantes.

### Esponja 'e barra, estropajo de cantina, huaipe de cantina

Términos frecuentes para referirse en tono despectivo a un bebedor, cuyo origen se encuentra en los utensilios de un barman para mantener limpia la barra de una cantina. Estas esponjas o esparadrapos absorben todos los restos de vinos y alcoholes que caen a la cubierta, por lo que su olor y aspecto es símil al de un borracho.

**Estrujao**
Término coloquial y de jerga para referirse al vino, puesto que se necesita estrujar las uvas para obtenerlo.

**Extremaunción**
El dicho completo es *pedir la extremaunción*, es decir, la despedida realizada por un bebedor antes de beber el último trago de la noche, luego del cual se marchará a casa o caerá muerto. O al menos dormido bajo la mesa.

**Fanfarrón**
Nombre que es un juego de palabras para referirse al trago combinado de la gaseosa Fanta con el caribeño ron, muy propio de los estudiantes universitarios, capaces de realizar mezclas de lo que sea, de lo que sobre, con tal de satisfacer la sed.

**Fanschop o fanchó**
Postmoderna mezcla, más o menos 1/1 de schop o cerveza con gaseosa de naranja, menjunje propio de los bebedores de tiro corto o de las señoritas acartuchadas y potijuntas. En los años ochenta se le llamó *aliado*.

**Farra**
Estado de jolgorio diurno, nocturno, transitorio o permanente que es el perfecto universo del bebedor, y que origina prácticamente todas las anécdotas, historias y refranes en torno a las botellas. La **farra** es mitología pura, imposible de acotar ni con toda la literatura del mundo abocada a tal empeño. Tampoco los tangos y boleros, menos las cuecas y tonadas. La **farra** es cuerpo, esencia y alma del señor bebedor, es la entrega a un modo de vida que pueda sobrellevarse mejor, y por eso también es abandono, pena, desgracia, nostalgia. Como dice el tango "Tiempos viejos":

*Dónde están los muchachos de entonces.*
*Barra antigua de ayer, dónde están.*

Las farras antológicas suelen ser las que comienzan con la inocencia de un café al mediodía —una cosa poca, viera usted— y van transfigurándose en el resto de la jornada para adquirir ribetes de batalla grande, inconmensurable, de la que no podemos bajarnos sin entregar el pellejo en la refriega. Entonces, hasta nos sentimos como Alejandro Magno abrazando y abrasando la mitad del mundo y que, como señala Luis López-Aliaga:

*Sólo se calmaba con una de esas trancas que todos llamamos memorables, pero que en su caso lo fueron realmente.*

Con mi querido amigo, viejo y compañero, **Alfredo Barría**, innumerables veces repetimos la escena del café remilgado, hasta que el profesor sentenciaba que *ahora nos podríamos tomar un trago*, frase que me arrastraba a la vorágine de las copas, la buena conversación y las citas de milongas y libros, hasta regresar a mi casa con la habilidad de mis instrumentos de navegación, ebrio como zapato, tostado como almendras del sur, arrastrando los talones, botado como un perro, y en el fondo tan dichoso de haber arrasado con los vasos de acero con **tontos amarillos** generosos.

**Filtrar**

Beber en su acepción más pura. La palabra nos remite tanto al proceso de elaboración —filtración— del vino, como a los organismos bivalvos que a perpetuidad filtran las aguas del mar. Esa misma persistencia es la que demuestran algunos bebedores. En la región cordillerana de Temuco se habla de *invitar a filtrar*. El término ha mutado, y ahora el concepto *filtro* reemplaza a vino.

### Frásquetbol

Alusión al acto de beber como un deporte practicado en forma profesional. En detalle, se trata del movimiento del brazo portando la copa, o el frasco, desde la mesa a la boca. Sinónimos deportivos: *rayuela corta, copétebol*.

### Fuerte

En el campo, en donde se acostumbra a tomar sólo chicha o vinos a granel, es frecuente que el dueño de casa conserve una botella de pisco o grapa, a la que se llama **fuerte**, y que amenaza destapar constantemente cuando ya se ha bebido todo lo demás. Parte del rito es mostrar antes el **fuerte**, de modo que no quepa duda de su existencia.

### Gamarra

Extraído de la cultura futbolera, el dicho completo es: **ponerse Gamarra**. Indica el semblante rojizo fuerte de un bebedor que comienza a sentir los efectos de la libación. La referencia es al jugador paraguayo Carlos Gamarra, defensa central, a quien le apodan *El Colorado*.

### Garganta de lata

Uno de los caracteres de la historieta Condorito, aquel sempiterno habitué de los bares y cantinas de Pelotillehue. El personaje resume la propiedad de un sujeto para beber cualquier potaje, no importa cuán ominoso pueda ser, puesto que se supone que su garganta es de lata y no distingue las diferencias, ni se ve afectada por la gradación alcohólica o los agentes nocivos para la salud.

### Garrapata

Nombre folclórico y coloquial, a partir de un juego de palabras, que se le da a la garrafa de vino.

## Genio
Dícese de aquella virtuosa persona de buen olfato y buen oído que, de manera instantánea, aparece cada vez que se destapa una botella, tal como los genios de la mitología de Oriente.

## Gregoriano
Periplo en el que un bebedor entra a todas las cantinas de un barrio, o de una calle, para beber un solo trago en cada una. Sinónimo: *barear*.

## Guagua
En la barra de un bar, al preparar un trago, se conoce como **guagua** al pequeño residuo que queda en una coctelera. Un barman atento espera que su cliente dé algunos sorbos a su copa y enseguida se la recarga con el sobrante. Si el barman, por el contrario, esconde el residuo o simplemente lo bota, se le conoce como *abortero*, porque hace desaparecer la *guagua*.

## Guaracazo
Dícese de la acción de voltear la cara como si se hubiese recibido un golpe directo con un guaraco (fusta pequeña). Es un acto reflejo en el momento de tomarse el primer trago de alcohol fuerte. *Jugar a la guaraca* era una entretención infantil muy común a principios del siglo XX, en donde uno de los participantes corría revoleando una guaraca para golpear con ella a los demás, quienes escapaban de su perseguidor. De ahí proviene *dar guaraca*, es decir, golpear o ejecutar un acto violentamente y de golpe, cuadro aplicado al hábito de las botellas cuando se bebe con rapidez y sin importar las consecuencias.

## Guaraco

Bebida incierta que apela a la sorpresa: *Te invito un guaraco*. Tomarse un **guaraco** puede ser tanto una caña de sidra como un vodka tónica, dependiendo de la generosidad de quien invita. Es otra forma amistosa de referirse a la bebida.

## Guardamesas

Vocablo surgido al amparo de la nueva ley laboral, que reduce las jornadas y otorga más tiempo libre a trabajadores y empleados. Como se retiran media hora más temprano de sus ocupaciones, destinan ese tiempo a departir en la cervecería más cercana. Así, antes envían un **guardamesas**, especie de *adelantado* en la conquista, para que tome ubicación en el local y reserve una mesa a sus colegas. No se trata de un cargo vitalicio, sino que corresponde a turnos o calendarios semanales.

## Guatero espacial

Este concepto surge junto con la modernidad y el advenimiento del vino en caja, que posee grandes cualidades prácticas pese a que todavía se relaciona con estratos sociales bajos o con estudiantes angurrientos. Algunos de estos envases —que pueden contener hasta cinco litros— se componen de una bolsa de lámina de metal al interior de una caja de cartón. Liberada de su epidermis, la bolsa posee reminiscencias de los accesorios propios de la carrera espacial, pero también de los antiguos guateros de las abuelas, lo que origina su nombre.

## Güenas noches

O también *huenas noshs*: modo amable y parsimonioso para despedirse de un sujeto ebrio, aun cuando sean apenas las tres de la tarde, o las siete de la madrugada. El bebedor recuerda así los modales que le enseñaron en la infancia, y pretende además quedar en buen pie con el propietario, a fin de que le permitan regresar a ese local.

**Haciendo gimnasia**
La frase completa es: *tengo unas chelas haciendo gimnasia*, para declarar que se dispone de esta bebida helada en una casa. Ello debido a la condensación de los envases de cerveza en el refrigerador, similar al cuerpo de una persona que practica ejercicios físicos.

**Hazte hombre**
Clásica sentencia de la idiosincrasia nacional, que propugna que los imberbes y mozalbetes alcanzan la madurez y virilidad bebiendo un trago fuerte. Si alguna vez se trató de un ritual decimonónico, mutó a una especie de afrenta o desafío a cualquier parroquiano que se encuentre en nuestras cercanías, con lo que se cuestiona su hombría, sin necesidad de que se trate de un muchacho advenedizo.

**Hecho bolsa**
Literalmente, un sujeto destrozado por la bebida —atizado con tanto revoltijo de licores—, por lo que se le compara con las bolsas de supermercado, objeto de sobrecarga, maltratos y abandono, para luego terminar como contenedores de basura. Un sinónimo elocuente y también muy usado es: *hecho mierda*.

**Hoyo en el vaso**
Excusa jocosa de un buen bebedor para simular que ha ingerido con suma rapidez el contenido del vaso, para no quedar como un sediento descontrolado frente a los demás que aún no retiran los paraguas, las frutas ensartadas y otras guarifaifas en el borde de sus tragos El dicho completo es *parece que el vaso tenía un hoyo*. Con

esta declaración, el sujeto pretende que se lo rellenen de inmediato. No obstante, el *hoyo* persistirá y podrá ser utilizado como un recurso de llenado toda la noche.

**Irse de copas**
Acto de salir de la casa a beber en grandes proporciones, a veces sin retorno. Un concepto similar proveniente de las Españas es *ir de chateo*, aunque es preferible el chilenismo preciso y libre de malentendidos: *salir a tomar*.

**Irse de paté**
Devolver los alimentos digeridos por causa de la ingesta excesiva o mezclada de alcoholes. La observación tan escatológica se fundamenta en que los reflujos, a medio digerir por las pepsinas del estómago, son similares a la consistencia del paté embutido. Un sinómino es: *dar vuelta la vianda*.

**Irse de Ulloa, de Urrutia o Guajardo**
La expresiva sonoridad de estos apellidos es aprovechada para ilustrar el acto de vomitar, generalmente en un baño ajeno, en el que se compromete la integridad de paredes, cortinas y espejos. También se dice: *jaspear el baño*.

**Jesucristo**
Estado de trance en un bebedor cuando ya ha pasado por todas las etapas, hasta perder la gobernabilidad de su cuerpo. Por ello, es llevado en los hombros por dos amigos fieles y menos ebrios que él, en una postura que nos recuerda la retirada de Cristo desde la cruz: brazos abiertos, pies arrastrando y cabeza vuelta hacia el suelo balbuceando frases como:
— Yo puedo caminar.
— ¡Puchas que los quiero!

— Déjenme aquí.
— Quién pagó.
— Nunca más.
— Mañana renuncio, mierda.
— ¡Te amo, Chabela!

**John Wayne**
　Modo de beber el whisky sin hielo, tal cual se ingería el whiskey americano en el Far West. Como homenaje a ese actor estadounidense, el dicho completo es *beber a lo John Wayne*.

**Jote**
　Una de las más populares bebidas chilenas, arraigada en lo que podríamos llamar el folclore urbano, y pariente pobre de la **piscola**. Consiste en una medida de vino tinto y otra de Coca-Cola, por lo que su gradación alcohólica es baja, tanto que incluso se da de beber a los niños. Además, posee la cualidad de transformar en bebibles aquellos mostos de dudosa procedencia y calidad, especialmente para paladares que sólo reconocen y se contentan con la cantidad de azúcar de una mezcla. Un eufemismo simpático es *licor de ave*, con que el bebedor intenta subirle el pelo a su trago eminentemente plebeyo. Existe la variante llamada *jote blanco*, esto es, vino blanco con alguna gaseosa de similar tono.

**Juan Vicente Gómez**
　En una rueda de bebedores de cerveza, el primero en ponerse de pie para ir al baño a desbeber es llamado **Juan Vicente Gómez**. Ello porque se recuerda que ese feroz dictador venezolano (1859-1935) sufría de incontinencia, por lo que su gran comitiva debía detenerse cada media hora en el trayecto, para que Gómez pidiese un baño prestado en la casa más cercana. (Una querida amiga,

Karina Fuentes, suele confundirse en estas situaciones, y enunciar "Vicente Pérez Rosales". Anda cerca)

**Jugoso**
 Desagradable tipo de bebedor que se transforma en un ser fastidioso y cargante cuando ha bebido más de la cuota aconsejada. La acepción deriva de que suelen escapar restos de saliva desde su boca, por la vehemencia con que intenta intervenir y controlar la conversación.

**Kurda**
 La resaca por antonomasia, la mayor expresión de los malestares matutinos provocados por una noche de abundantes tragos. Su origen es incierto, y es probable que este gentilicio de la región noreste de Irak se aplique a las secuelas de la bebida por la sonoridad casi onomatopéyica de la palabra.

**La dolorosa**
 Una vez que se apagan los últimos sones de una fiesta, es el momento de solicitar la cuenta, es decir, la dolorosa. Y realmente provoca dolores de cuerpo y alma aquella cifra en la boleta, que es como despertar del sueño, pues en la euforia de las copas el bebedor jamás escatima en gastos ni calcula cuán graves pueden ser las consecuencias del abuso indiscriminado de la billetera. Por eso duele. No obstante, el afán de empinarse las botellas es superior pues, aunque duela, en ese momento el ebrio discurre mil y una soluciones para cubrir el importe al día siguiente. Por cierto, ideas que en la mañana, y con la resaca, se olvidan. Entonces se sienten una vez más los estragos de la dolorosa y de su nombre tan acertado.

**La meá del gato**
   La caja de vino de tres litros posee una bolsa conectada a una especie de catéter o boquilla que se tira hacia el exterior, a fin de verter desde ahí el mosto en las copas de los bebedores. Sin embargo, cuando el líquido comienza a agotarse, se procede a romper el cartón de la caja, y apretar la bolsa para extraerle los restos de vino. Como cae apenas un chorro insignificante, a esta maniobra se la llama sacar **la meá del gato**.

**La poetisa**
   Denominación lírica recibida por una botella de pisco Mistral, en alusión a la Premio Nobel chilena.

**La Rosita**
   Eufemismo tierno y querendón para eludir al feo nombre de la cirrosis, padecimiento hepático irreversible en un bebedor sobrepasado de su cuota histórica. Así, como **La Rosita**, suena más a polola o compañera inseparable del individuo, porque justamente eso es. Y duele.

**Lactante**
   Por la semejanza iconográfica con los bebés que se nutren de leche materna, se les denomina así a los bebedores. También debido al estrecho vínculo establecido con los respectivos potajes, cual si fuese un alimento insustituible. No olvidemos que existe un preparado de pisco *sour* en polvo, y preferirlo sería tan abominable y pernicioso como mantener a un recién nacido sólo con leche en polvo.

**Ladrillo**
   Vino en caja. El término se popularizó rápidamente con el advenimiento de este práctico tipo de envase para

los mostos. Luego surge la derivación *pegarse unos ladrillazos*, es decir, beber mucho vino, pero en caja.

**Lavar la olla**
Acción de limpiar el cuerpo al amanecer después de una resaca furibunda, tal como si fuese un recipiente en el que se ha preparado la comida, tarea que requiere de encomiables esfuerzos para retirar costras, grasas y —más que nada— olores.

**Lengua traposa**
Efecto que provoca el alcohol en la dicción de un bebedor, lo que suele ser la primera prueba de su embriaguez, y que nos recuerda que aún no se ha escrito un diccionario *español-borracho, borracho-español*.

**Litreado**
Modo despectivo para señalar el vino a granel, vendido en jarras, en cañas, en cachos, incluso en botellas plásticas de gaseosas.

**Lona**
Descripción del estado de total ebriedad de un individuo, que lo compara con las lonas de las carpas de circo tiradas en el suelo, antes de ser levantadas, caracterizadas por un aspecto polvoriento y una tremenda inmovilidad, también típicos en un bebedor excedido.

**Loro**
Tipo de escalfina con un pico muy aguzado, lo que origina su nombre. En ciertos locales se le usa de patrón de medida para servir el pisco *sour* en la mesa.

## Los con hielo
Porciones de whisky. En una tarde de ingesta, siempre llega el momento de limpiar la mesa, ordenar los trastos del asado y traer *los con hielo*.

## Machito
Apodo que se autoconfiere un bebedor para ostentar sus cualidades temerarias ante la bebida. Es **machito** quien no elude copas ni botellas, a pesar de que no posea resistencia a los efectos del alcohol. Como otras voces, esta palabra pertenece a los rituales de iniciación en torno al hábito de la bebida.

## Mal de arroz
Excusa emitida por un bebedor sorprendido luego de haber vomitado, ya sea en la calle, en el baño del bar o en su cuarto. El dicho completo esgrimido en estas ocasiones es *parece que me hizo mal el arroz*. Naturalmente, es una falacia que nadie es capaz de creer. Otras excusas imposibles y muy usadas son:
— Es que no había tomado once.
— Es que estoy tomando remedios.
— Parece que me pusieron algo en el té.

## Mamadera
Trago preparado y servido en una botella, la de gaseosa o la del alcohol, que remite al hábito de los lactantes que se alimentan con una **mamadera**. La finalidad es improvisar un vaso cuando no se tiene uno al alcance de la mano, o en los paseos de curso en cuyos viajes en bus o tren se reparten mamaderas a destajo. El caso extremo, y frecuente en la juventud, es la ingesta en las calles o conciertos de rock, instancias propicias para andar premunidos de estos envases artillados.

**Manejar el camión con loza**
Referencia a la extrema delicadeza con que un conductor agarra el volante de su camión, si lleva una carga delicada: con un gran arco de los brazos, muy sujeto el manubrio e inclinado hacia adelante. Es decir, la misma posición que asume un bebedor ante la taza del baño, cuando va a vomitar.

**Manitas calientes**
Una de las consecuencias naturales de la farra, consiste en que al día siguiente se genera un proceso químico que provoca un aumento en la temperatura de las manos, por lo general acompañado de temblor en ellas.

**Mañanera**
Primera porción de trago en el día, ya sea para posponer las torturas de la resaca o para comenzar una buena jornada bebiendo sin prisa.

**Más cocío que botón de oro**
Una de las más ingeniosas y poéticas figuras literarias para invocar el estado de intemperancia de un individuo. Si tuviésemos un botón de oro en la chaqueta, nos preocuparíamos de que estuviese fuertemente *cosido*, para no perderlo. Recordemos que las palabras *cocido* y *cosido* se utilizan de igual forma para referirse a un sujeto ebrio. Existe una infinidad de frases jocosas que se valen de esta misma estructura gramatical, mediante una comparación, todas ellas efectivas para transformar en hilaridad la embriaguez de las personas. Unas aluden a la cualidad de *cocido* de un bebedor, y otras lo emulan a un *cosido*. Un conjunto adicional subraya la notoria inclinación hacia el suelo del sujeto, el cuerpo doblado sobre sí mismo, producida por el exceso de copas y botellas. Por su carácter

gráfico y mnemotécnico, no requieren de mayores explicaciones. A saber:
— Más doblado que fila del banco.
— Más doblado que sobre con plata.
— Más doblado que plata para el pan.
— Más cocido que poto de guagua.
— Más cufifo que el almirante Merino.
— Más curado que hilo de volantín.
— Más doblado que un wantán.
— Más doblado que conejo de mago.
— Más cocido que pata de mormón.
— Más doblado que cordón de bototo.
— Más doblado que carta de amor.

**Medidito**
Falsa declaración de principios de un bebedor, que se mofa de las advertencias de la autoridad acerca de la ingestión responsable y moderada de alcohol, particularmente en los fines de semana largos. Por lo demás, un eufemismo que puede ser engañado con facilidad, ya que **medidito** es tanto una copa de un cuarto de litro de vino como una garrafa de quince litros. Para peor, está en el alma nacional la tendencia a los excesos, tal como lo subraya el maestro Joaquín Edwards Bello en el libro *Homo Chilensis*:

*El defecto principal de los chilenos consiste en no saber medirse o limitarse. Uno llega al restaurante o cantina, y toma una copa; llega otro e invita, y otro más… Después el camarero dice que alguien nos llama para que le hagamos compañía. Otro nos tira de la solapa y nos presenta a sus amistades. Pues bien: si no sabemos decir un "no" más grande que una catedral, estamos fritos. No, no y no. En el momento de negarnos, haremos un papel bastante deslucido. Al día siguiente es cuando tendremos cara de Victoria. El "no" libra de la horrible cirrosis.*

## Medio filo

Estado intermedio entre la sobriedad y la embriaguez, muy inestable y efímero, experimentado por la ingestión de las primeras copas. En ese lapso se cree que el individuo potencia su creatividad y es más sensible a las expresiones artísticas. Algunos bebedores dominan una técnica muy compleja para extender el también llamado *estado de gracia*, mediante la mesura en la ingesta, evitando arrebatarse.

## Meona

Cerveza, aludiendo a su carácter altamente diurético, lo que obliga a interrumpir a cada rato la conversación por las permanentes carreras al baño.

## Metapío

Tipo de alcohol muy fuerte y de mala calidad, que sirve tanto para ingerir cuando no se dispone de otro bebestible como para desinfectante en las curaciones de primeros auxilios, pues mata el 99,9% de hongos y bacterias. El nombre recoge ese tradicional elemento de enfermería, de color marrón muy oscuro, que antes había en los botiquines de cada hogar.

## Metro cuadrado

Mítica medida de ingesta alcohólica, equivalente a botellas de cerveza acumuladas en una mesa de modo que cubran un **metro cuadrado** de superficie, y no necesariamente para muchas personas. Aquí surge una versión mítica y jamás comprobada: *el metro cúbico*.

## Misterio

Vino de muy baja calidad, vendido en garrafas o botellas plásticas de gaseosas, y que posee un origen desconocido, *misterioso*, preferible de ignorar por el bien de la salud mental. El envase no porta etiquetas ni identificación alguna.

**Mona, o andar con la mona**
Se le otorgan a la resaca características corpóreas, con la idea de que es un animal grande arrimado a los hombros del bebedor, por lo que pesa, incomoda y huele mal.

**Nariz de frutilla**
Notorio efecto físico del exceso de ingesta alcohólica a través de largos años. Producto de libaciones desmedidas, con menjunjes abominables, la nariz va adquiriendo una textura esponjosa y un color rosado propios de este fruto del arbusto dicotiledóneo de la familia de las ramnáceas. Es signo indesmentible de un pasado bebedor, por más que el señor intente engañarnos con nuevos y cínicos modales.

**Navegado**
Un clásico de la cultura nacional: el vino caliente con naranjas y canela. También llamado *candola*. Su nombre se asimila a las antiguas peñas folclóricas, en donde beber un navegado adquiría el carácter de protesta política y social. A ello debemos agregar una sopaipilla pasada, un chaleco de lana cruda, la pertinente canción de Víctor Jara o Violeta Parra, y tenemos el perfecto conjunto del **navegado**. Se recomienda gritar *viva la revolución, viva el Che*, de vez en cuando. Como a muchas otras, a esta bebida se le adjudican propiedades medicinales, aunque no hay estudios médicos concluyentes al respecto.

**Navegar con instrumentos**
Habilidad que posee el buen bebedor para no verse afectado por la embriaguez, y ser capaz de retirarse del recinto en que ha ingerido alcohol, llamar a un taxi, pagarlo

al llegar a la casa, abrir la puerta, entrar a la pieza, acostarse y dormir a salvo. Todo esto sin recordar absolutamente nada al día siguiente. También se le llama *navegación inercial*, *piloto automático* o *teletransportación*.

**Nunca taxi**
Dícese de aquel sujeto que asegura jamás haberse embriagado, es decir, que se mantiene invicto. La frase recoge la costumbre de los avisos económicos de venta de automóviles, en los que el vendedor se preocupa de aclarar que el vehículo no ha sido entregado al trajín de un trabajo como taxi. En ambos casos, por supuesto, debemos mantener el beneficio de la duda.

**Oreado**
Bebedor al que se le ha espantado la borrachera, y que se encuentra una vez más dispuesto a continuar con su deber. Un buen oreado se logra durmiendo una siesta a la sombra del parrón, por ejemplo.

**Pagar la manda**
Como existe una infinidad de marcas de vinos y licores cuyos nombres y etiquetas apelan a santos o santas, **pagar la manda** es el acto de ingerir algunas de esas botellas, como si el individuo bebedor estuviese encomendado a Santa Rita, Santa Ema, Santa Marta, Santa Carolina, Santa Helena o Santa Bernardita, por ejemplo. Todas ellas muy santas.

**Pa'l diabético**
Tipo de preparación de un trago con la menor cantidad de jugo o bebida gaseosa posible, es decir, tratando de reducirle el contenido de azúcar, como si fuese destinado a un enfermo diabético. Por cierto, no es ese su fin, sino sólo una ironía para referirse a un potaje cargado al licor fuerte.

### Pa'l guargüero
Cualquier tipo de licor bebido con la excusa de que es para aceitar o refrescar la garganta.

### Pálida
Estado catatónico sufrido por cierto tipo de bebedor cuando ha excedido el límite de su resistencia. El dicho completo es *le vino la pálida*. Se trata de un efecto extremadamente rápido, pues el sujeto puede hallarse riendo y conversando feliz, y un segundo más tarde se le ve maltrecho y silencioso, para enseguida dormirse ahí mismo: sentado, y a veces con la mano sosteniendo el vaso.

### Palomo
Trago de anís con Cachantún al que se le atribuyen propiedades curativas de la resaca.

### Par de dedos
Medida ideal de un whisky seco. Como no existe bibliografía al respecto, se ha prestado para que cada cual interprete el postulado a su antojo. Por ejemplo, un par de dedos conjuntos y horizontales en la base del recipiente, o esos mismos dedos de manera vertical para que delimiten la totalidad de un vaso de caña corta. En Magallanes se usa el dedo meñique y el índice, lo que también marca una gran porción, o el pulgar con el índice.

### Parafina
Bebida alcohólica en términos generales, pues se considera que los bebedores son como viejas máquinas o estufas que necesitan combustible. La pestilencia notoria de la parafina también alude a los olores de un sujeto pasado de copas, lo que explica el dicho *andar emparafinado*.

**Paraguazo**
Bebida no determinada ingerida de manera rápida o violenta. Sinónimo: *farolazo*.

**Paso polca**
Andar dubitativo y errático de un bebedor afectado por el exceso, tal como el patrón del baile de la polca. Es decir: un paso para el lado y dos para adelante. Todo movimiento de un ebrio, por lo demás, se asemeja a los bailes cadenciosos y lentos.

**Pastilla de menta**
Elemento accesorio de todo buen bebedor, con el que se intenta disimular los vapores del mal aliento provocado por la ingesta de alcoholes. Como sabemos, anular dicha pestilencia es una misión imposible, mayor aún si se trata de la emanación de los olores fermentados de una resaca. Entonces, como muchos otros aspectos del mundo de las botellas, la **pastilla de menta** es una cuestión de fe: el bebedor cree que disimula su aliento. Y se preocupa de que haya siempre pastillas y caramelos de menta en cada una de sus chaquetas. Cabe señalar que —tal como los licores finos— existen pastillas etiqueta negra: *Halls, black label*. Son más caras y de sabor muy fuerte, sólo para bocas profesionales, no son recomendadas para señoritas ni para principiantes en las lides de la bebida.

**Pata en el suelo**
El popular dicho peruano para referirse en tono despectivo a los miserables que todavía no calzan zapatos, y van por la vida con el pie en contacto con la tierra, sirve aquí para describir la estrategia de dormir con una pierna salida de la cama a fin de tocar el suelo con el pie. La finalidad es entregarle al cerebro un mínimo referente, un punto de apoyo, y disminuir así los efectos del mareo por

la excesiva ingesta de alcoholes. Sinónimo: *anclarse*. Otra fórmula segura para no marearse mientras intentamos dormir la mona, es mantener una posición fetal.

**Pata mocha**
Apelativo recibido por un sujeto asiduo a beber de pie y muy apegado a la barra de un bar, razón por la que se dice de él que posee los pies muy cortos —mochos— a fin de que no le molesten en la base de la barra.

**Patita**
Amigo fiel y compadre en el acto de beber, hombre solidario con nuestras penas. Un bolero peruano señala en su letra:
*No se haga de rogar, patita, y sírvase otro trago,*
*que entre copa y copa le quiero hacer saber,*
*que tengo los crisoles rojizos por el llanto,*
*porque he llorado, carreta, por culpa de una mujer.*

**Pato amarillo**
En un grupo de amigos, cuando uno de ellos ha caído en desgracia económica, los demás le pagan la bebida por el tiempo necesario, lo denominan *pato amarillo* y jamás lo consideran un bolsero. De modo simbólico, al infortunado momentáneo suele entregársele una *tarjeta de pato amarillo*, para que beba con la misma soltura de un sujeto solvente. La solidaridad es una característica muy enquistada entre los bebedores.

**PC**
Obvio diminutivo de la **piscola**, extendido en la juventud. Llama la atención que se ha desacralizado esta sigla inherente al histórico Partido Comunista.

**Pencazo**
Clásica denominación de la bebida, cuyas raíces se pierden en la tradición popular chilena. Al igual que *guaraco*, el *pencazo* no indica a qué tipo de líquido alcohólico se alude. El vocablo proviene de la penca o chicote de los caballos, con lo que se reafirma la idea de que beber suele ser un acto violento, un golpe, y que puede dejar llagas.

**Peregrinar**
Regresar a casa una vez que el bebedor decide que son suficientes las copas. Entonces queda a merced de la ciudad y sus peligros, y se entrega a lo que algunos creen es *la suerte del peregrino*, puesto que —como sabemos— no importa cuán ebrio se encuentre una persona porque de todos modos sabe volver al hogar. Ver **navegar con instrumentos**.

**Pertrecho**
Término extraído de las campañas militares: el conjunto de botellas necesarias para el éxito de cualquier operación, en este caso, de ingesta. De aquí deriva el *jefe de pertrechos*, autoridad que determina las cantidades exactas de alcohol que demandará una fiesta, por ejemplo, de acuerdo a la duración, número y habilidad de sus participantes. Luego, ese número se multiplica por tres, apelando a las reglas del cálculo integral inventadas por Isaac Newton.

**Petaca**
Receptáculo de bolsillo, ancho y plano, que sirve para llevar bebidas alcohólicas en largos viajes, y cuya forma se adapta a la curvatura del cuerpo. Las **petacas** pueden ser de vidrio como vulgares botellas, se venden para cumplir tal objetivo. Aunque también existen de níquel y plata, caracterizadas por su elegancia. No obstante, cualquier

tipo de envase puede adaptarse como **petaca**, porque un buen bebedor sabrá proveerse de bastimento etílico para sus periplos. Por ejemplo, las botellas plásticas de agua de medio litro son adaptaciones muy comunes, y pasan inadvertidas ante los timoratos y potijuntos, pues, si uno las llena con vodka o cualquier alcohol claro, de lejos la impresión es que se trata simplemente de agua.

**Petrolero**
Bebedor que opta sólo por ingerir vino tinto, y con tal nivel de especialización que, así como los vehículos de motor diesel, sufre graves trastornos si por accidente se le cambia su preferencia. En un asado, por ejemplo, los comensales se dividen en petroleros o bencineros, estos últimos dados al vino blanco. Ambos grupos pregonan las bondades de su predilección, como si se tratase de un congreso de mecánicos. Cabe mencionar que en la Quinta Región el petrolero es quien sólo bebe piscola, y el bencinero es el que opta por los combinados con gaseosas de color claro. La idea es similar.

**Picado**
Vino que ha comenzado su estado de descomposición para transformarse en vinagre, aunque no necesariamente se le rechaza como bebestible.

**Pichuncho**
Trago muy simple preparado con medidas inciertas de pisco y Martini o vermouth, como bajativo. La ventaja es que puede graduarse fácilmente el atributo dulce o seco, jugando con las porciones de sus componentes. El origen del nombre es incierto. Como probable referencia, en el siglo XIX en Chile, *pichuncha* era una *mujer de mal vivir*. O sea, bien puta la chiquilla.

### Pieza de artillería

Como si los convites para invitar a beber una copas fuesen gestas heroicas, hazañas militares como la toma del Morro de Arica, se les llama **piezas de artillería** a las botellas de pisco. Se desprende que en este caso el calibre corresponde a los grados alcohólicos, y la marca al tipo de munición: explosiva, incendiaria, perforante, etc.

### Piloto

Sujeto que se agrega de emergencia al grupo de amigos y bebedores, cuando se han percatado de que la *cucha* es insuficiente para adquirir las botellas deseadas. Por esta razón, se convoca a un **piloto** que aporte dinero y los acompañe en la travesía.

### Pilsoca

Modo familiar de referirse a la cerveza, emparentado con otras expresiones afines, como *amigazo, compadrito* y *fiestoca*. Sinónimo entre los estudiantes universitarios: *pil*.

### Piñón

Poética referencia al fruto de las araucarias. Un **piñón** debe cocerse mucho rato para que se pueda abrir. Por tanto, se le llama **piñón** al amigo fiel que lo acompaña a uno en las contiendas, quien, una vez medio ebrio, invita un par de corridas de copas. Es decir, *el piñón cuando está cocido se raja*.

### Pirigüín de pipa

Individuo que frecuentemente se le observa bebiendo junto a un barril de vino o chicha, puesto que se asemeja a los pirigüines, especie de sanguijuelas que viven en los restos estancados de mosto bajo los toneles, pipas y barriles. Nótese que el diccionario de la RAE sólo consigna la palabra *pirgüín*.

**Pisagua**
　Modesta mezcla de pisco con agua de la llave, cuando no se dispone de recursos para el agregado de la gaseosa o el jugo.

**Pisar un corcho**
　Acto de alcanzar un rápido estado de ebriedad. A las personas que son incapaces de beber más que un dedal de vino, o menos, se les dice que con tan sólo contactar su pie con un corcho en el suelo ya se embriagan. Al bebedor de tiro tan corto también se le sindica como *chapita*, es decir, le basta con ingerir apenas el contenido de la tapa de una cerveza. Otro apodo muy común es *media hora*, tal como el popular caramelo, indicativo del tiempo que resiste el sujeto en una jornada de copas.

**Piscoliar**
　Acción de reunirse a beber piscola. Voz de la jerga juvenil, grupo etario en que es muy difundido el consumo de este clásico combinado nacional.

**Pituca**
　Vaso o copa de vino relativamente pequeño bebido muy temprano, antes de las diez de la mañana, en cantinas o clandestinos. El nombre radica en la forma siútica o amanerada como se le sostiene, con el dedo meñique levantado cual si fuese un estandarte.

**Poncheroso**
　Dícese de aquel bebedor que manifiesta una notoria barriga —también conocida como *perra*— producto de años de ingesta, principalmente de cerveza. La ciencia todavía no ha resuelto la relación matemática existente entre los galones de cerveza y la curvatura del estómago.

Es una de las peores secuelas del hábito de beber, que afecta el amor propio del individuo.

**Poniéndole wendy**
   Festiva y poética manera de referirse al acto de beber un apetecible potaje en compañía de amigos. El nombre deriva de la expresión *tomar del bueno*, o *ponerle del bueno al cuerpo*. El término alude a la famosa vedette de los años 60 y 70 Myrella Irene Smith Perchereaux, Wendy, cuyos atributos portentosos se invocan para adjetivar la calidad de la bebida que se consume.

**Prendido**
   Sujeto que ha comenzado a beber y quien, como si fuese un artefacto eléctrico, se encuentra **prendido** a su máxima potencia de ingesta. De ese modo, puede permanecer varios días antes de apagarse.

**Promo**
   Máximo estandarte de la modernidad, aquella bolsa que contiene una botella de pisco y una gaseosa, y que recibe el nombre de promo como un diminutivo de *promoción*, es el elemento imprescindible de los jolgorios juveniles. A partir de esa idea básica, el mercado ofrece tantas variantes y accesorios de la promo —golosinas, maníes, papas, galletas, ¡una promo adicional!— que es posible llevarse el malón completo a casa, por unos dos billetes. La promo también se ha convertido en una medida de capacidad alcohólica de los individuos, o de logística en conjunto, puesto que las juergas se miden por la cantidad de promociones que lograron reunirse en una noche.

**Puerta embrujada**
   Típico de los bebedores débiles que regresan a casa acusando ciertas heridas producto de la ingesta, y que son

incapaces de refrenar el vaivén, como si fuese un barco en un temporal. Entonces, con las llaves no pueden acertar a la chapa de la puerta. Todo el cuerpo se les mueve, y en ese caso nada mejor que echarle la culpa a la puerta: en verdad es ella la que no se queda quieta o, dicho de otro modo, se trata de una **puerta embrujada**. (Debo confesar que una vez, hace muchos años, me ocurrió una variante de la susodicha puerta. Vivía yo en un cuarto piso, y una noche llegaba a mi casa levemente herido. Quise abrir la puerta, y la llave no entraba. De pronto me percaté de que me había equivocado de piso, y que trataba de abrir una puerta del quinto. Eso vendría siendo como *escalera embrujada*).

**Puesto**
Bebedor en estado de gracia, es decir, con la correspondiente porción de alcohol en el cuerpo.

**Que se vea la hora**
Cualidad de una piscola o una Cuba libre, que permite apreciar nítidamente la hora en un reloj de pulsera al otro lado del vaso. Para ello, la preparación debe priorizar la cantidad de alcohol por sobre la gaseosa, con el objetivo de que la mezcla resulte blanquecina, muy **aguachenta** y transparente.

**Quitapena**
Nombre clásico de los restaurantes o cantinas ubicados en las cercanías de los cementerios, donde se supone que el bebedor acude para llorar las penas por un difunto.

**Raja**
Es uno de los más amplios, sonoros y comunes conceptos que describen el estado de resaca de un bebedor, e indica la peor condición posible como consecuencia de una noche de ingesta. Por eso se la describe como similar

a la parte trasera de los seres humanos, entre los límites de las áreas anal y genital, constantemente afectada por malos tratos y situaciones límite. Además, de color rojizo encendido, con vellosidad y —quizás— restos de deposiciones.

**Ramada**
El baluarte de la iconografía nacional, aquel entramado de palos y ramaje que alberga el jolgorio de las Fiestas Patrias es tan antiguo, que prefiero transcribir aquí la versión facsimilar del "Diccionario de chilenismos", escrito y publicado por don Zorobabel Rodríguez en 1875:
*En Chile no conocemos otra* **ramada** *(enramada) que el conjunto de ramas de árboles, espesas i entrelazadas naturalmente; a las construcciones de ramas cualquiera que sea su objetivo (secar duraznos, servir de albergue a los chacareros durante la época de las cosechas, de rústica tienda para vender licores o comestibles, para cantar i bailar en las fiestas cívicas, para matar los animales i beneficiar la carne en las haciendas) las llamamos invariablemente ramadas, y así las llaman también peruanos y arjentinos.* **Ramada** *es voz castiza, útil i por consiguiente digna del rejuvenecimiento que ha experimentado en América.*

**Recoger frutillas**
Referencia al andar inclinado de los bebedores que manifiestan tempranas heridas de guerra. Las frutillas crecen a ras del suelo, y para cosecharlas uno debe agacharse de manera considerable. Este refrán proviene de las tierras magallánicas, donde crece generoso este fruto silvestre.

**Regar las plantas**
Término cariñoso para referirse a la necesidad urgente de beber agua que presenta un individuo en la mañana,

afectado por los síntomas de una resaca. Ingerir agua para las dolencias físicas de un cuerpo sometido a los castigos del alcohol, es similar al acto piadoso de echar un poco de agua a la planta que crece en un macetero, al interior de la casa.

**Resaca**
Efecto global de la ingesta de alcoholes que se manifiesta al día siguiente, caracterizada por dolores corporales, sed producto de la deshidratación, y un pesado sentimiento de culpa. Las características de la **resaca** dependen de muchos factores: el tipo y la cantidad de alcohol bebido, el tipo de alimentos consumidos, la actividad física practicada, como el baile (o el sexo), e incluso el estado de ánimo del individuo. Surge mareo continuo, sensación de asco en las manos y en la boca, piel cansada y rojiza, los ojos aparecen inyectados en sangre y las rodillas son víctimas de un tembleque tipo terremoto de Chillán 1939. Eso no es lo peor. La resaca es el emblema de los bebedores, es el reconocimiento del infierno en la tierra, es como la deuda externa, como la corruptela en el gobierno o como la contaminación en la capital: no tiene solución, no le den más vueltas. En primera instancia sólo puede ser combatida extendiendo la libación, aunque se trate de un remedio parcial, pues la pesadilla de todos modos nos alcanzará, algo así como solicitar más crédito en el banco. Se trata de apagar el fuego con más fuego, en una norma que desafía todas las leyes físicas. Una cerveza bien helada calma los dolores de cabeza y estómago, a la vez que vuelve a echar a andar la lengua empantanada en su sed. Eso en la mañana, temprano, como desayuno. Al mediodía es mejor pasarse a un vino con algo de comer, y por la tarde ya podemos volver a los calibres mayores.

La experiencia empírica indica que los potajes que golpean más fuerte y producen una resaca más terrible son, a saber:
— Los generosos en azúcar.
— Los sucedáneos, es decir: whisky, ron o coñac nacionales, que, sabemos, no son tales.
— Los brujos, como el aguardiente de Linares o el licor de oro de Chiloé.
— Los inventos presuntuosos. Aquí entran a tallar los embelecos tropicalistas de que hemos hablado, o las leseras que surgen de los bares de moda para llamar la atención. Por cierto, un buen bebedor nunca acude a un bar de moda, es una cuestión racial que se lleva en la sangre.
— Los desajustes estratégicos, como dedicarse a variar el tipo de combustible, enredando el pisco *sour* con champaña y jerez, por ejemplo. Esta falta es típica de los aficionados, un buen bebedor sabe que no es aconsejable *cambiar de caballo* si la carrera se vislumbra larga.

**Retumbo**
Todo tipo de sonido generado alrededor de un sujeto en estado sufriente de resaca. Incluso los más tenues, como el que emite el paso de un conejo, retumban en la cabeza de un bebedor herido como si se tratase de un taladro industrial martillando la sien. Por ejemplo, cuando la señora en la fila del banco le dice "adelante", el afectado le pide que por favor no le grite.

**Roto *sour***
Denominación jocosa para referirse a una variante del trago **pisco *sour***, que prescinde del pisco y lo ha cambiado por aguardiente. Es el reflejo de circunstancias de pobreza, donde siempre es preferible sobrellevar la desgracia con humor.

**Sacar a pasear el vaso**
　Dícese de la costumbre de ciertos bebedores que mantienen por largo rato intacto el contenido de un vaso, sin que avance la ingesta. Por eso se le indica que sólo ha sacado a pasear el vaso, como si fuese una mascota. Un sinónimo muy adecuado entre los estudiantes es *calentar la prueba*. Otro dicho usado en esas ocasiones, para increpar al individuo: *te noto débil*.

**Sacudidor de caspa**
　Es aquel tipo de brebaje que —por su alta gradación o su baja calidad— provoca estertores en la cabeza del bebedor, rápidos movimientos de izquierda a derecha, de modo que se asemeja a la idea de que el afectado se sacude la caspa del pelo.

**Saliente de guardia**
　Sujeto que sufre los padecimientos de una gran resaca, y cuyo aspecto es similar a los uniformados que han debido realizar la guardia nocturna en un regimiento. Esto es: ojos rojos y desorbitados, semblante descuidado, mal aliento, boca sedienta y una evidente falta de sueño.

**Salucita**
　Diminutivo de *salud*, cuya finalidad es bajarle el perfil a la prolongada ingesta, como si fuese una cuestión menor.

**Salvapantalla**
　Concepto derivado del argot de la computación, y que se refiere a la actitud facial, el rictus de un bebedor que, frente a sus contertulios, comienza a sentir los efectos de la embriaguez. Por eso, prefiere esgrimir una sonrisa amable y mantenerse en silencio, para que su estado pase

inadvertido, similar a las pantallas de los computadores cuando se activa el protector de las mismas.

**San Jueves**
Recurso muy difundido entre los estudiantes universitarios, los empleados y los obreros, que consiste en simular que el jueves es día festivo —por cualquier causa— a fin de comenzar ahí la farra del fin de semana. La flexibilidad de la treta permite que se invoque también un *San Martes*, o *San Miércoles*, y la jarana sea de corrido. Al jueves también se le ha dado en llamar *viernes chico*, en directa referencia a que sería un día de celebraciones menores, o como se le denomina al fin de semana siguiente de las Fiestas Patrias, en donde se conmemora *el 18 chico*. También existen los fundamentalistas que hablan de un *jueves chico* (el miércoles) y un *miércoles chico* (el martes).

**San Lunes**
Similar al anterior, aunque de mayor arraigo popular, es la costumbre nacional de no presentarse al trabajo el día lunes, simulando una festividad que otorgue el necesario feriado. El **San Lunes** se debe a los padecimientos provocados por el exceso de ingesta alcohólica. Incluso suele estar normado en algunas empresas, en donde se otorga —más bien se acepta— que sus empleados y trabajadores *celebren* dos **San Lunes** al año. Al tercero: sobre azul.

**Schopete, schopetín**
Términos festivos y cariñosos para referirse al *schop*, y que lo emparienta con el chupete de los niños. El recurso literario de homologar el hábito de la ingesta alcohólica con la alimentación de los infantes es frecuente en la jerga de los bebedores.

**Seco**
Referencia a la única manera en que un buen bebedor acepta los más grandes licores: sin agua, sin hielo, sin adornos ni guarifaifas. Libre de retóricas, de remilgos, de cicaterías.

**¿Somo' amigo o no somo' amigo?**
Enunciado con ribetes de arenga patria, cuya finalidad es envalentonarse mutuamente dos amigos o compañeros. Muy arraigada en la idiosincrasia nacional, es parte del folclore de los bebedores ocasionales, aquellos que se sienten culpables por disfrutar de una noche de farra. Se acude a esta sentencia cuando se ha libado una cantidad considerable de alcohol —lo que explica la profusión de apóstrofes—, por lo general abrazados o con ambas frentes chocándose, y persigue recuperar recuerdos a fin de reafirmar los lazos de fraternidad, del mismo modo que las naciones se valen de los mitos de su pasado para proyectarse al futuro. De tal manera, los bebedores potencian su osadía y cobran nuevos bríos para continuar la saga nocturna, sin importar que al día siguiente deban responder por el estropicio.

**Sonrisa de león, sonrisa de tigre**
Horrible rictus sardónico y tenso, cual si fuese el rostro de uno de estos depredadores al acecho, provocado en un bebedor que ha ingerido algún líquido de alta gradación o de reprobable calidad. Por derivación, modo despectivo de referirse a un mosto.

**Sopaipilla pasada**
Aquel bebedor cuyo hábito de largos años le cobra la cuenta, es tanto lo que antes ha ingerido, que ahora se embriaga apenas con una copa de vino, por ejemplo. Su cuerpo se ha pasado de alcohol, tal como las sopaipillas

invernales que se impregnan de salsa de chanchaka, y pierden la rigidez.

**Suzuki**
Sujeto de escasa resistencia en las contiendas alcohólicas, por lo que se embriaga con muy poco bebestible. Tal como esos furgones de los años 80, que precisaban de una minúscula cantidad de bencina para largas jornadas de trabajo. La frase completa con que se alude a este tipo de individuo es *con un litro huevea toda la noche*.

**Tapado**
También se origina en el campo, en donde se bebe vino a granel o de damajuanas o chuicas. Un *tapado*, entonces, es la botella de vino encorchado que el dueño de casa guarda para una ocasión muy particular.

**Té**
Vino pipeño servido en taza de té, ardid con el que se elude la Ley de Alcoholes en ciertos recintos, como el Mercado Central, en donde está prohibido expender bebidas alcohólicas.

**Tecito con hielo**
Whisky, para mencionarlo con sutileza en las tardes, por ejemplo, cuando se supone que aún no es hora de beber un buen destilado.

**Tele apagada**
Como si fuese un aparato que se desconecta, se dice de un bebedor: se le apagó la tele cuando es vencido por la ingesta, la madrugada y la somnolencia, y cae dormido en el mismo sitio en que se encuentra. Literalmente, se le apagan los ojos pero su cuerpo mantiene de manera

automática el equilibro, aunque no puede evitar un babeo muy desagradable para los demás.

**Tequilazo**
Trago, que no necesariamente es tequila, sino que recoge su nombre para asociarlo con la masculinidad y valentía de los soldados de la Revolución Mexicana.

**Tercer tiempo**
Aunque no cuenta como una regla de la FIFA, es aquel momento de copas y botellas que sucede a un partido de fútbol, ya sea para celebrar un triunfo o ahogar las penas por la derrota. Como se sospecha, los dos primeros tiempos sólo sirven de excusa.

**Tiene tetitas**
Concepto grosero y altamente descalificador dirigido hacia un hombre, con el fin de enrostrarle su negativa a beber. La intención es poner en duda su virilidad, asegurando que el sujeto posee pechos, como las mujeres, y que ello explica su falta de valentía frente a las copas y botellas. Es un eufemismo del epíteto *maricón*, o más precisamente *mariquita*, palabra que en una rueda de bebedores se invoca para cumplir la misma función.

**Tintolio**
Forma afectiva y juguetona para referirse al vino tinto.

**Toalla nueva**
Denominación recibida por un sujeto que posee una condición sobrenatural para absorber los alcoholes, similar a una toalla de papel nueva, que seca a la primera pasada cualquier resto líquido en la superficie. El dicho completo es: *chupa más que toalla nueva*. Por extensión, se llama así también a los bebedores novatos, que poseen

el organismo todavía limpio de residuos, lejos de sufrir las consecuencias de la bebida y transformarse en una sopaipilla pasada.

**Tomar a lo *cowboy***
Favoritismo del bebedor por permanecer de pie, afirmado en la barra del bar, o con un codo apoyado en ella. Un viejo amigo patriarca me agrega que tomar a lo *cowboy* es optar por el trago fuerte y seco, sin hielo. En todo caso, como es frecuente, ambas acepciones apuntan a la virilidad del bebedor.

**Tomar en canasto**
Fantasía que surge cuando una persona asegura que ha dejado el hábito de la bebida. Si sus amigos no le creen, le enrostran la falsedad de que el aludido sólo no bebe en canasto.

**Tomarse un caldito**
Eufemismo que se traduce en el acto de ingerir alcohol. Notemos que la bebida se iguala a un caldo, esto es, que se la trata como si fuese un cálido y reponedor alimento para los bebedores.

**Tonto amarillo**
Término que se utiliza para señalar al whisky, a fin de evitar la palabra inglesa pues su sola mención acarrea sospechas de arribismo. Su origen es muy incierto, se le nombra así en los cerros de Talcahuano, pero también en la zona de Arauco, entre Lota y Lebu, lugares en donde no se pensaría que se bebe whisky de modo tan frecuente. Licor insuperable, el whisky es imposible sustituir, y la literatura se halla plagada de elogios a su naturaleza. En uno de los selectos volúmenes de mi biblioteca, *El libro de los amantes del whisky*, encuentro esta relación de

bondades que suscribo con acabado conocimiento de los hechos:

Tomado con moderación, ralentiza el curso de la edad, fortalece la juventud, facilita la digestión, corta el catarro, acaba con la melancolía, alegra el corazón, solaza el espíritu, devuelve el ardor, remedia la hidropesía, cura la estrangulación, impide que la cabeza dé vueltas, que los ojos se nublen, que la lengua castañetee, que la garganta raspe, que el gaznate se sofoque, que el corazón se precipite, que el estómago se agite, que el vientre se contraiga, que los intestinos crujan, que las manos tiemblen, que los tendones se encojan, que las venas se estrechen, que los huesos se reblandezcan. A decir verdad, es un licor soberano, si se toma de un modo sistemático.

**Trago**
Porción de bebida alcohólica de alta gradación, por lo general en estado seco. El trago es también la denominación universal, y en ciertos casos cubre todo el espectro de las bebidas. *Andar pasado a trago*, por ejemplo, indica el olor etílico de una persona, sin importar si es vino, cerveza o *fuerte*. Por la tendencia nacional al diminutivo, es más común la acepción *traguito*.

**Trascender**
Expeler olor a alcohol. Propiedad sudorípara de los bebedores, en que el olor corporal generado por la ingesta de bebidas espirituosas se manifiesta en rededor. Un sinónimo más coloquial es **andar pasado a trago**.

**Traspiraíto**
Trago servido en una majestuosa caña larga, transparente y siempre helada, ya sea con piscola o Cuba libre. Es una sinécdoque originada por la transpiración exterior del vidrio en un vaso cargado con alcohol y hielo.

**Tripula'o**
Denominación utilizada en el campo para referirse a diversos tipos de mezcla de bebestible, como, por ejemplo, chicha de manzana con aguardiente.

**Tugurio**
Habitación o establecimiento pequeño, oscuro, insalubre y peligroso, en que se expende alcohol. Es también un término peyorativo para todas las cantinas, pues la gran mayoría de ellas no pasa de la categoría de **tugurio**.

**Una güeá que cure**
Urgente demanda de un buen bebedor, a fin de que le sea proporcionado algún potaje de contenido alcohólico, a la brevedad.

**Una linterna y cuatro pilas**
Medida exacta para solicitar combinados en una mesa, en donde la linterna es la botella de pisco y las pilas corresponden a las gaseosas. Muy común en ramadas dieciocheras y quintas de recreo, a las que llegan los sujetos atraídos por la promoción del bajo precio del conjunto, con la ventaja de que cada cual va dosificando la intensidad alcohólica del brebaje. Por lo general, *la linterna* es la que se acaba primero, y se produce la paradoja de que —debido a la oferta— sale más conveniente solicitar otra vez el pack completo de pilas y linternas, antes que sólo una botella más de pisco.

**Un mezcal, por favor**
Frase inmortal pronunciada por el señor embajador inglés, en un tugurio mexicano llamado *El Farolito*, símbolo de quienes se rinden en la lucha por la vida, y se entregan plácidos y serenos a la muerte. Ocurre en *Bajo el volcán*, la novela de Malcolm Lowry. Solicitar

así un trago tan infame como el mezcal, en una cueva de forajidos, resume la concepción filosófica última a la que llega un bebedor: el total desapego a la vida.

**UW, unidad whiskera**
Patrón de medida para transformar en bebestible cualquier monto de dinero, o valor de objetos y servicios, que precisa de las cualidades innatas de un individuo a fin de calcular con rapidez, por ejemplo, que aquella billetera de cuero vale una UW, o que un televisor color de 20 pulgadas cuesta 12 UW, o que con esa reparación urgente a nuestro automóvil nos desangraríamos en 40 UW. La explicación de tan insólita razón de cambio radica en que la única y auténtica moneda dura de los buenos bebedores es, por cierto, la bebida. Y de entre el amplio espectro de bebidas alcohólicas, el whisky constituye sin duda el patrón básico y maestro. Dicho patrón deriva de un estudio realizado en la Brown University, de Providence, USA, en 1963. Se entiende como **unidad whiskera** al valor monetario en el mercado de la más barata botella de whisky de 700 cc, *blended*, de procedencia escocesa legítima. Aplicado a las tasas actuales de nuestro país, una UW debería cotizarse entre siete y diez dólares.

En círculos de estudiantes universitarios —en que el dinero es un bien escaso e insuficiente— es más frecuente la transformación a UC, esto es, a **unidades cerveceras**, sin alusión alguna a esa universidad ni al club deportivo de la Universidad Católica. El patrón UC, que no posee respaldo académico ni científico, va más acorde con los bolsillos flacos de los muchachos, aunque el reflejo aritmético es igual de instantáneo y, por ejemplo, se sabe enseguida que un pasaje de micro equivale a una UC, o que una entrada al cine cuesta entre siete y nueve UC.

201

**Valeriano**
Deformación de la palabra vale, esto es: un sencillo papel en donde se anotan los consumos efectuados con la intención y compromiso de pagarlos en una próxima oportunidad. Sinónimo: *rayado*. El buen bebedor se ve frecuentemente obligado a firmar estos papeles, a veces en servilletas extraídas del mismo local. El origen de la acepción es discutible. Algunos sostienen que invoca al emperador romano Valeriano, famoso por sus excesos y dádivas provocadas por la ingesta de vinos. Pero también puede ser mención al pueblo del mismo nombre, en el valle del Elqui. O al remedio que utilizan las abuelitas para calmar sus estertores y nervios.

**Vampiro de las viñas**
Tradicional apodo para un sujeto cuya pasión por el vino sea conocido por todos. La frase lúdica remite a la mitología de los hombres vampiros, quienes se cree chupan la sangre de sus víctimas. Entonces, un **vampiro de las viñas** se dedicaría a chupar el néctar de dichos frutales.

**Varado**
Dícese de aquel bebedor que se ha detenido en un específico sitio geográfico, como la barra de un bar o bajo la sombra de un parrón en la quinta de recreo, sin que sea posible moverlo debido a la somnolencia provocada por el alcohol. Es un tropo que recuerda a las ballenas que llegan a la playa, muchas de ellas a morir.

**Vaso dilatador**
Efecto provocado en el cuerpo humano por la ingesta de ciertos alcoholes de muy alta gradación, como el whisky, muy peligroso para las personas cuya presión suele subir en demasía.

**Viento en contra**
Frase que ilustra el andar dubitativo de los bebedores afectados por el exceso. Es una buena estrategia echarle la culpa al viento, como si uno fuese una triste goleta en la marejada grande.

**Vinagre**
En el lenguaje de los bebedores, esta palabra adquiere dispares acepciones, y la más frecuente es para referirse en términos peyorativos a la calidad de un vino: agrio y astringente. Sin embargo, con la misma convicción, es una manera amistosa y lúdica de nombrar al fermento de uva, en momentos en que no tenemos más alternativa para libar. A veces, claro, se trata simplemente del vinagre, como en "La madre del cordero", de Tito Fernández, que ilustra a la perfección una de las penosas instancias en que se encuentra un bebedor:

*Tiré de chincol a jote*
*le saqué al mundo la madre*
*'tuve preso por rosquero*
*y me tomé hasta el vinagre.*

**Vino para tres**
Dícese de aquel mosto de uvas de tan baja calidad, que para beberlo se necesitan tres personas: una que se lo toma y dos que lo afirman para que no pueda escapar.

**Vituperio**
Palabra relativamente nueva, que llama la atención por un significado totalmente ajeno al original, y que refrenda el diccionario de la RAE. Si para el organismo rector de la lengua, **vituperio** significa una acción o epíteto que causa ofensa y deshonra, en la modernidad chilensis se le usa como sinónimo de un acto de convivencia en que se sirven entremeses y tragos. Algo parecido a un

cóctel, pero de mayor improvisación. Por eso, es curioso oír a empingorotados académicos, o poderosos gerentes, invitar a sus colegas a un **vituperio**.

**Voltear**
Acción de botar al suelo a un bebedor por el excesivo consumo de alcohol.

**Wisconsin**
Variación graciosa de la palabra whisky, que la transforma en el nombre de este estado de USA.

**Whiskacho**
Antiguo modo de referirse al whisky en las clases sociales altas, y que luego ha sido imitado burlonamente por los demás estratos. En la actualidad, nadie dice *whiskacho* con seriedad, salvo los que juegan en la liguilla del ascenso social.

**Zapping**
Tal como la acción de cambiar repetidas veces los canales de televisión, *zapping* es el intento de un sujeto por buscar retazos en la memoria, parcialmente borrada por la ingesta de alcoholes en la noche anterior. Siempre con el temor de recordar alguna promesa indebida, un escándalo de proporciones, o una vergüenza descomunal, como haber meado detrás de las cortinas creyendo que allí estaba el baño.

**Zona seca**
Término que recibe la prohibición de expender bebidas alcohólicas en una determinada región, tanto el consumo en un local como para llevar a casa, en situaciones que la autoridad considera imprescindible la total temperancia de sus habitantes. Se declara zona seca

durante situaciones de catástrofe o conmoción nacional, por ejemplo, aunque la más recurrente razón del Chile de la modernidad se deba al sistema político imperante. Y enseguida se desprende una certeza geopolítica intransable: el bebedor no comulga con la democracia (revise el capitulo 2: libatus chilensis).

# ÍNDICE

PRÓLOGO
De la chicha de manzana al whisky etiqueta negra  9

*LIBATUS CHILENSIS*
LA FÁBULA DEL BUEN BEBEDOR  13

DESDE LA GRAPA AL WHISKY DE 18 AÑOS
La precipitada evolución del bebedor chileno  25

CÓMO BEBER EN CANA
El catálogo de los bebedizos criollos míticos  31

DEL BIGOTEADO AL GRAN RESERVA
La nueva raza de siúticos bebedores de vino, el mundillo
de las galas de vino y los cursos de cata para ejecutivos ociosos.  41

APARTA DE MÍ ESE COLA DE MONO
¿Qué se bebe en Navidad,
qué se bebe en Fiestas Patrias?  49

SOMO' AMIGO' O NO SOMO' AMIGO
Clasificación patriótica del chileno
cuando ha bebido más de su cuota  57

¿MARICAS O INMORTALES?
Qué tan bravo es un chileno para empinar el codo hasta el límite  95

¡NUNCA MÁS, JURO QUE NUNCA MÁS!
Los efectos de la resaca entre cordillera y mar  103

BIENVENIDO AL PARAÍSO
Estrategias sociales para momentos en que la bebida es gratuita  111

GRANDES MITOS Y FALACIAS DE LA BEBIDA
Religiosidad popular  123

EL BEBEDOR CHILENO
DE LA A A LA Z  131